HEYNE
BÜCHER

SACHBUCH

KURT ALLGEIER

Die großen Prophezeiungen des Nostradamus in moderner Deutung

Weissagungen bis ins Jahr 2050

Originalausgabe

WILHELM HEYNE VERLAG
MÜNCHEN

HEYNE SACHBUCH
Nr. 19/56

18. Auflage
7. Auflage dieser Ausgabe
Früher als Heyne-Taschenbuch unter der Nr. 01/7180 erschienen.

Copyright © 1982 by Wilhelm Heyne Verlag GmbH & Co. KG, München
und RTS Verlag Jürgen Zimmermann, München
Printed in Germany 1993
Umschlagbild: Archiv für Kunst und Geschichte, Berlin
Umschlaggestaltung: Atelier Adolf Bachmann, Reischach
Gesamtherstellung: Presse-Druck Augsburg

ISBN 3-453-01529-0

Inhalt

Papst Paul II. muß aus Rom fliehen. Er wird in Lyon ermordet. Der Dritte Weltkrieg steht unmittelbar bevor. Paris wird von den Russen erobert und 1983 im Atomkrieg völlig zerstört. Das alte Europa steht vor dem endgültigen Untergang...

Das schreibt der Franzose Jean Charles de Fontbrune. Er beruft sich auf die Prophezeiungen von Michel Nostradamus. Sein Buch heißt *Nostradamus, Historien et Prophete*.

Am 11. August 1999 wird alles zu Ende sein. Die Erde kollidiert mit einem riesengroßen Himmelskörper. Diese kosmische Katastrophe kann sie nicht überstehen...

Das behauptet Charles Berlitz in seinem Buch *Weltuntergang 1999*. Ohne Fragezeichen. Auch der Bestseller-Autor fand das Datum bei Nostradamus, dem »Propheten des Abendlandes«.

Dort steht es tatsächlich. Aber: Ist die Auslegung richtig? Hat Nostradamus den Tod unseres Planeten für das Ende unseres Jahrhunderts vorausgesagt? Kündigt er wirklich den dritten Weltkrieg an und die Zerstörung von Paris durch die Russen?

Wer war überhaupt dieser unheimliche »Schwarzseher«, der so viel Unheil vorausgeschaut haben will? Welche Fähigkeiten hat er besessen – oder sich eingebildet? Ist denn bisher, seit der ersten Veröffentlichung der Prophezeiungen bis zum heutigen Tag, überhaupt und nachweisbar etwas genau so eingetroffen, wie er es angekündigt hatte – oder haben nur phantasiebegabte Interpreten die eine oder andere dunkle Andeutung nachträglich zurechtgebogen?

Dieses Buch versucht, auf diese und viele andere Fragen knapp und klar Antwort zu geben. Es bemüht sich, Michel Nostradamus »wörtlich« zu nehmen und ganz bewußt auf abenteuerliches oder gar gewaltsames Zurechtbiegen, Mutmaßen oder phantastisches Ausschmücken zu verzichten.

Dabei wird ein ganz neuer, bisher verkannter Nostradamus sichtbar. Einer, der uns nicht aus purer Lust am Untergang den Schrecken in die Glieder jagen möchte, der weder quälen noch die Lebensfreude verderben will.

Michel Nostradamus hat seine Prophezeiungen, das wird hier aufgezeigt und das scheint nahezu sicher zu sein, für uns Menschen des ausgehenden 20. Jahrhunderts geschrieben. Er wollte uns damit mahnen, die Vorzeichen des nahenden Sturmes zu erkennen und die Unvernunft zu besiegen, damit das Schlimmste vielleicht doch noch verhütet werden kann.

Sein eigentliches Ziel aber – und damit befindet er sich in der Tradition aller großen Propheten – ist wohl der Trost: Gebt die Hoffnung nicht auf und verliert den Mut nicht, wenn unten auf der Erde und oben am Himmel alles drunter und drüber gehen wird: Das ist nicht das Ende. Die Katastrophen um das Jahr 2000 sind für die Entwicklung der Menschheit eine notwendige Feuerprobe, ein Prozeß der Läuterung, der Anfang für eine bessere, schönere, neue Welt.

Nostradamus
Arzt – Magier – Astrologe und Prophet

Die einen nennen ihn das »größte Genie der Weltgeschichte«. Andere sehen in ihm nur den »schlimmsten
Scharlatan aller Zeiten«.

Jahrhundertelang hielten die französischen Könige an
der Tradition fest, persönlich das Grab des Sehers in Salon
de Provence aufzusuchen, um damit »ihrem« Propheten
Reverenz zu erweisen. Alles an diesem Mann und an
seinem Werk ist außergewöhnlich. Michel Nostradamus
ist der einzige »Prophet« und Astrologe, der in einer
Kirche beigesetzt wurde. Seine Schriften standen aber
auch fast zweihundert Jahre lang auf dem Index der
kirchlich verbotenen Bücher. Wer sie las, stellte sich damit
automatisch außerhalb der katholischen Kirche.

Sind Heinrich IV., Ludwig XIV. und die anderen
Könige dem »Propheten des Abendlandes« auf den Leim
gegangen, oder haben sie sich mit seiner Hilfe nur selbst
groß gemacht, weil sie von ihm angeblich als wohltätige
Herrscher angekündigt waren? Lassen sich heute, mehr
als 400 Jahre nach dem Tod von Michel Nostradamus,
immer noch Millionen Menschen von diesem »Gaukler«
an der Nase herumführen, weil er Urängste, von denen
wir offenbar alle mehr oder weniger stark heimgesucht
werden, in schaurig-schöne Verse zu fassen verstand?

Schon ein zeitgenössischer Spötter hatte sich über den
Namen Nostradamus hergemacht und daraus einen

Spottvers gebildet: »Nostra damus - cum falsa damus, nam fallere nostrum est.« (Wir geben das Unsere. Und wir geben es falsch, denn unser ist der Schwindel.)

Der Wiener Professor, Entwicklungsforscher, Journalist und Autor Dr. Helmut Swoboda macht sich heute über die seiner Meinung nach völlig wertlosen Voraussagen des Nostradamus lustig, indem er eine Reihe sehr fragwürdiger Deutungen miteinander vergleicht und aufzeigt, wieviel Unsinn mit den Prophezeiungen in der Vergangenheit schon angerichtet wurde. Swoboda schreibt: »Was die Persönlichkeit des Nostradamus anlangt, so war er unter anderem ein wagemutiger, einfallsreicher und erfahrener Arzt, ein überaus gelehrter Mann und – ein großartiger Dichter, der als Poet nur deshalb keine Anerkennung fand, weil man in ihm den Propheten sehen wollte. Die ›Centuries‹ sind eine Art Gegenstück zur Apokalypse, deren hinreißende Sprachgewalt ebenfalls stets in den Hintergrund gedrängt wurde, weil man kabbalistische Spiele um die ›Zahl des Tieres‹ aufführen wollte.«

Und weiter: »Was aber den Grundtenor der ›Centuries‹ betrifft, so kündigen sie immer wieder Blut und Tod, Verbrechen und Zeichen am Himmel, Katastrophen und Mord, Terror und Kampf, Verrat und Hunger, Blitz und Pest – und davon, das läßt sich nicht leugnen, war die Geschichte der Menschheit zu allen Zeiten voll.« Mit anderen Worten: Es war kein Kunststück, so etwas vorauszusagen, denn jeder vernünftige Mensch konnte es sich an den Fingern abzählen, daß wieder einmal ein Krieg, wieder einmal eine Hungersnot oder eine andere Katastrophe kommen muß.

Swoboda faßt seine Meinung über den »größten Wortmagier Europas«, wie er ihn nennt, so zusammen: »Wenn unter nahezu tausend vieldeutigen und unverständlichen Versen ein paar sind, die sich als Vorhersage späterer Ereignisse deuten lassen, dann ist das nicht nur unwahrscheinlich, sondern sogar durchaus wahrscheinlich, ja beinahe unvermeidlich.«

Ganz grob ausgedrückt: Der angebliche Prophet hat so viel gequatscht, daß etwas davon einfach aufgrund der Gesetze der Wahrscheinlichkeit eintreffen mußte.

DARF NOSTRADAMUS ÜBERHAUPT SCHON GEDEUTET WERDEN?

Im Jahre 1981 ist in Frankreich ein erbitterter Nostradamus-Krieg ausgebrochen. Aber diesmal ging es nicht darum, ob der Seher ernst zu nehmen ist oder nicht – sondern lediglich um die Frage korrekter Interpretation. Jean Charles de Fontbrune behauptet in seinem Buch *Nostradamus, Historien et Prophete* unter anderem, der Seher hätte die Zerstörung von Paris im Jahre 1983 vorausgesagt. Dagegen wendet sich Elisabeth Bellecour, unterstützt von ihrem Lehrer, Professor Albert Slosman, mit dem Buch *Nostradamus trahi* – der verratene (mißbrauchte) Nostradamus. Die Autorin und ihr Lehrmeister weisen nach, daß Fontbrune Texte gefälscht, falsch übersetzt und bewußt verdreht hat. Ihrer Meinung nach darf man heute den Meister aus dem ausgehenden Mittelalter noch nicht interpretieren, weil wir einfach noch viel zu- wenig über seine Gedankenwelt, seine Sprache, die Quellen, aus denen er schöpfte, und die Bedeutung seiner Bilder wissen.

Nostradamus selbst hat angekündigt:

»500 Jahre lang gilt er nichts und wird man nicht viel von ihm halten,
der die Zierde seiner Zeit gewesen ist.
Doch dann, schlagartig, wird es große Klarheit geben.
Das ganze Jahrhundert hindurch wird man sehr froh darüber sein.«

(CENTURIE III/94)

13

Mit dem, der die Zierde seiner Zeit gewesen sein soll, meint Nostradamus zweifellos sich selbst. Das würde aber bedeuten, daß man erst um das Jahr 2050 seine Prophezeiungen richtig begreifen wird, um einzusehen, wie recht er hatte.

Das heißt aber wohl nicht, daß bis dahin der Sinn der Verse ausnahmslos verborgen bleiben müßte. Bei aller Dunkelheit großer Stellen ist inzwischen durch das Bemühen sehr gründlicher Nostradamus-Forscher Licht in viele Verse gekommen. Außerdem haben sich zahllose Prophezeiungen mittlerweile als richtig erwiesen: Das, was angekündigt war, ist eingetroffen. Genauso, wie es der Seher gesagt hatte.

Damit ergibt sich aber eine ganz neue Situation für jeden, der sich heute mit Nostradamus befassen will: Es ist nicht mehr länger nötig, nach Wortverdrehungen und verstecktem Hintersinn zu suchen. Nostradamus kann und muß wörtlich verstanden werden. So wörtlich, wie er selbst es gemeint hat.

Vielleicht zieht es uns deshalb so sehr zu ihm, weil er in einer Zeit lebte, die mit unserer Zeit so viel gemeinsam hatte. Je mehr man sich mit ihm befaßt, um so mehr wächst die Überzeugung, daß er überhaupt nur für uns geschrieben hat. Uns hat er gemeint. Unsere Tage sind die »Zeit der Vollendung«, wie er es nennt.

DAMALS WIE HEUTE: ALLES IST AM ZERBRECHEN

Michel Nostradamus war ein Mann der Zeitenwende. Als er in St. Remy, in der Nähe von Avignon in der Provence, als Sohn des Notars Jacques Nostradamus geboren wurde, waren gerade elf Jahre seit der Entdeckung Amerikas durch Columbus vergangen. In Europa wurden die letzten gotischen Dome vollendet, aber nicht nur ihre Baumeister wußten: nie mehr würde es möglich sein, ähnliches aus einem geschlossenen, festen und einheitlichen Weltbild heraus zu schaffen. Das »christliche Abendland« befand sich in totaler Auflösung.

Imponierende Gestalten wie Philipp Melanchthon (1497–1560), Thomas Morus (1478–1535) und Erasmus von Rotterdam (1467–1536) eröffneten der Menschheit mit dem sogenannten Humanismus ein neues Weltverständnis. Von Italien her überflutete die Renaissance mit einem bisher ungekannten Lebensgefühl, mit überwältigendem Hochgefühl der Lebenslust – aber auch der Lebensgier – ganz Europa. Die Menschen wollten jetzt leben und sich nicht mehr länger mit der einstigen Seligkeit in der Ewigkeit vertrösten lassen.

Michel Nostradamus war gerade 14 Jahre alt, als Martin Luther seine 95 Thesen an die Schloßkirche von Wittenberg heftete und damit die Reformation, aber gleichzeitig auch die Spaltung der christlichen Kirche einleitete. Kurze Zeit später schon tobten die Bauernkriege (1525). In England sagte sich Heinrich VIII. los von Rom und gründete die anglikanische Kirche. In der Schweiz und in Frankreich traten Zwingli und Calvin als Reformatoren auf.

Die Türken eroberten Belgrad (1526) und standen vor Wien (1529), das christliche Europa war aber nicht mehr imstande, dieser »heidnischen Gefahr« eine gemeinsame Front entgegenzusetzen. Frankreichs König Franz I. (1515–1547) verbündete sich sogar mit den Türken gegen Kaiser Karl V. (1536).

Unten auf der Erde herrschte die große Unordnung und Auflösung. Aber auch oben am Himmel gerieten die letzten stabilen »Gesetze« ins Wanken. Noch traute sich keiner, es offen einzugestehen, aber viele wußten es bereits, und bis zu Galilei (1564–1642) war es nicht mehr weit: Nicht die Erde steht im Mittelpunkt des Sonnensystems, sondern die Sonne. Die Erde ist eine Kugel, keine Scheibe. Sie dreht sich um die Sonne. Die Texte in der Bibel, die etwas anderes behaupteten, sind schlicht falsch.

Europa schlitterte aber auf die schlimmsten Katastrophen seit Christi Geburt zu. Beinahe hätten sich die Europäer sogar ausgerottet: In Frankreich standen die blutigen und über 200 Jahre sich hinziehenden Hugenottenkriege vor der Tür (1562–1789), für Europa näherte sich der Dreißigjährige Krieg (1618–1648).

Das war der Hintergrund, in den Nostradamus hineingeboren wurde. Er mußte von den Zerfallserscheinungen und den drohenden Zeichen der Auflösung besonders betroffen gewesen sein: Erst sein Vater, jüdischer Abstammung, war zum katholischen Glauben übergetreten. Weil die Taufe der Familie in einer Kirche »Unserer lieben Frau«, Nôtre Dame, vollzogen wurde, für ein Entgelt von 20 Dukaten, wie in einem erhaltenen Dokument nachzulesen ist, nannte sich die Familie des Notars von St. Remy: de Nôtredame, oder eben, der Zeitmode entsprechend, lateinisch Nostradamus. Der christliche Glaube war also noch ganz jung und sicherlich, wie das gewöhnlich bei Konvertiten der Fall ist, voller Eifer.

VERWANDT MIT DEN PROPHETEN — GESCHULT VON MAGIERN UND ASTROLOGEN

Aber gleichzeitig lebte im Blut des jungen Nostradamus auch ein reiches und schweres Erbe. Die Vorfahren des Vaters gehörten zum jüdischen Stamm Isaschar. Aus ihm ist eine Reihe der großen alttestamentarischen Propheten hervorgegangen, so daß man mit Recht sagen kann: Von Isaias, Jeremias, Malachias gibt es eine direkte »Blutsbrücke« zu Nostradamus. Als Prophet ist er ganz stark erblich belastet.

Vater, Großvater und Urgroßvater pflegten zudem gute Kontakte zu Magiern und Meistern der arabischen Kabbalistik. Eine Reihe der Vorfahren waren tüchtige, teilweise sogar berühmte Ärzte.

Die Mutter Renée stammte aus dem vornehmen Haus de St. Remy. Auch ihre Ahnen sind Ärzte und Mathematiker gewesen. Von dieser Seite hatte Michel Nostradamus aber noch eine andere Vorliebe und Neigung mitbekommen: die zu den Sternen. Der Großvater Johann de St. Remy hatte ihm Astronomie und Astrologie beigebracht, ihm die Gesetze des Himmels erklärt und ihn wissen lassen, was man aus den Konstellationen der Planeten als Zukunftsdeutung herauslesen kann. Weissagung, Magie, Astrologie – das sollten die drei großen Grundpfeiler seiner Prophezeiungen werden.

DIE ERSTE KARRIERE: PESTARZT

Zunächst studierte der junge Michel aber Medizin in Avignon, vor kurzem noch Residenz für Päpste und Gegenpäpste. 1525 ging er an die Hochschule von Montpellier. Und dort erlebte er auch seine erste große Karriere. Als die Pest ausbrach und alle Studenten und Professoren fluchtartig die Stadt verließen, blieb er zurück, um den Kampf mit dieser bösen Krankheit aufzunehmen. Und er wurde zum Volkshelden, als es ihm, seiner Zeit um Jahrhunderte voraus, gelang, eine Art Antibiotikum zu entdecken und erfolgreich anzuwenden. Die Gesunden, von der Krankheit Bedrohten, mußten eine Kräuter-Essenz einnehmen und ständig damit Mund und Nasenraum spülen.

Viele, die seinen Rat befolgten, blieben tatsächlich gesund, so daß man die Rettung der Stadt dem jungen Nostradamus zuschrieb. Möglicherweise hat er als erster eine wirksame »Desinfektion« angewendet.

1529 legte Nostradamus mit großem Erfolg sein Arztexamen ab. Er ließ sich im Städtchen Agen an der Garonne nieder, heiratete, bekam zwei Kinder. Alles schien auf eine ganz normale bürgerliche Existenz hinauszulaufen.

Doch eine Seuche nahm ihm die ganze Familie, Frau und beide Kinder. Ihm, dem Arzt, der bereits einen so guten Ruf genoß! Nostradamus schloß seine Praxis und begab sich auf Wanderschaft. Er machte es ähnlich wie sein Zeitgenosse Paracelsus, der zum Begründer der modernen Medizin werden sollte.

VOM LEIBARZT ZUM HOFASTROLOGEN

Michel Nostradamus mußte seine Reise bald abbrechen. In der Provence war erneut die Pest aufgeflammt. Die Heimat schickte Leute nach Italien, den »Wunderdoktor« aufzutreiben und heimzuholen. Drei Jahre lang (1546–1548) kämpfte er als Stadtarzt von Aix gegen den »schwarzen Tod«. Und das so erfolgreich, daß sein Ruhm bis zum König nach Paris drang.

Heinrich II. ließ ihn 1556 zu sich bitten, um seinen ärztlichen Rat in Anspruch zu nehmen, aber auch bereits, um etwas über seine Wahrsagerei zu erfahren. Vielleicht war die treibende Kraft die Königin Katharina von Medici. Ihr sagte Nostradamus denn auch, daß ihre drei Söhne Franz, Karl und Heinrich nacheinander König von Frankreich werden. Der Seher warnte den König Heinrich vor einem Turnier, bei dem er am Auge schwer verletzt würde – was im Jahre 1559 tatsächlich geschah. Der König starb an den Verletzungen.

Der Eindruck, den Michel Nostradamus auf Katharina von Medici hinterlassen hatte, muß ungewöhnlich gewesen sein. 1564 kam sie als Witwe in Begleitung ihres Sohnes, des Königs Karl IX., nach Salon de Provence, wo sich Nostradamus endgültig niedergelassen hatte, um ihn zu besuchen. Die Szene der Begegnung ist im Schloß de l'Emperi in Salon von einem zeitgenössischen Maler festgehalten. Nostradamus wurde zum königlichen Leibarzt ernannt. Er war aber auch Hofastrologe.

Die Medizin allein konnte diesen außergewöhnlichen Mann auf Dauer nicht zufriedenstellen. Nostradamus muß ein Mensch gewesen sein, wie ihn später Johann Wolfgang von Goethe in seinem *Faust* beschrieb: einer, der ständig auf der Suche war, die letzten Geheimnisse des Lebens zu ergründen, hinter die Dinge zu sehen und bisher unerforschte Zusammenhänge zu enträtseln. Goethe hat den Seher und seine Prophezeiungen zumindest teilweise gekannt und seinem »Faust« Züge dieses rastlos Suchenden mitgegeben. Er widmetete ihm in »Faust« sogar einen Vers:

> *»Flieh! Auf! Hinaus ins weite Land.*
> *Und dies geheimnisvolle Buch*
> *Von Nostradamus' eigener Hand,*
> *Ist es dir nicht Geleit genug?«*

Nostradamus war, das geht aus seinen Schriften eindeutig hervor, ein tiefreligiöser, gläubiger Mann – was ihn aber nicht daran hindern konnte, kirchliche Verbotsschranken beiseite zu räumen, wenn er glaubte, eine interessante Spur verfolgen zu müssen.

WIE EINST PYTHIA IN DELPHI

Aus einigen Texten geht hervor, daß der junge Arzt bei seinen Diagnosen und bei der Anwendung einer Behandlungsmethode oftmals einer plötzlichen Eingebung, einer Intuition oder Inspiration folgte, um bald feststellen zu können: Diese innere Stimme wußte mehr als sämtliche Lehrbücher. Sie war klüger als sein medizinischer Fachverstand.

Aber nun galt es die Frage zu klären: Was oder wer war es, der ihm diese Eingebungen vermittelte? Ein natürliches Talent? Ein guter Geist – oder Gott selbst, der sich ihm mitteilen wollte?

Und diesen Fragen folgte sofort die nächste: Ließ sich diese Stimme verstärken, so daß sie deutlicher hörbar würde und sicherer vernommen werden konnte?

Nostradamus versuchte alles, diese »Kraft« zu enthüllen. Dabei scheute er weder Anstrengungen noch verpönte Methoden.

Eine dieser Methoden hieß: Magie.

Wenn er seinem Sohn Cäsar in seinem Vorwort zu den Prophezeiungen der Centurien I–VII auch sehr bestimmt davon abrät, ähnliches zu versuchen, so leugnete er doch niemals, sich selbst sehr eingehend damit befaßt zu haben.

Schon in seinem allerersten Vierzeiler spricht er von »geheimen Studien«. Und er beschreibt die »Zeremonie« seiner Sitzung recht genau:

> *Ich sitze nachts bei geheimen Studien. Ich habe Platz*
> *genommen auf dem eisernen, dreifüßigen Schemel.*
> *Ich bin allein. Die winzige Flamme steigt aus der*
> *Einsamkeit*
> *und läßt hervorsprießen, woran man nicht vergeblich*
> *glauben soll.«*
>
> (CENTURIE I/1)

Damit gibt sich der Prophet des ausgehenden Mittelalters als direkter Nachfolger der uralten Seher zu erkennen. Vom Orakel von Delphi wird berichtet, daß Pythia auf einem eisernen dreifüßigen Schemel saß, schweflige Dämpfe einatmete und dadurch in eine Art Trance-Zustand geriet. Die Schwefeldämpfe ersetzte Nostradamus durch den hypnotisierenden Blick in das Feuer – oder, wie im folgenden Vers erklärt, durch Dämpfe, die aus einem Wasserbottich aufstiegen, über den er sich beugte:

> *»Die Wünschelrute in der Hand bin ich versetzt in das*
> *Reich des Branchus. Das Wasser netzt mir sowohl die Füße*
> *als auch den Saum.*

Durch die Zweige überkommt mich Furcht. Meine Stimme
zittert.
Göttliches Leuchten. Das Göttliche läßt sich bei mir
nieder.«
(CENTURIE I/2)

Branchus war, der alten Sage nach, ein Halbgott, Sohn des
Apollo und seiner sterblichen Geliebten aus Milet. Er
konnte weissagen. Nach seinem Tod wurde diese Kunst
von Jungfrauen im Tempel in Milet fortgeführt.

Diese Branchus-Dienerinnen aber sollen ihr »Handwerk« genauso verrichtet haben, wie es Nostradamus in
diesem Vers beschreibt. Auch darüber gibt es schriftliche
Zeugnisse: Sie setzten sich auf einen eisernen Dreifuß.
Vor ihnen stand eine große runde Schüssel mit Wasser.
Die Seherin stellte sich in das Wasser und beugte sich weit
herunter, um den Duft einzuatmen, der ihm entstieg. Die
Rute in der Hand begann dann, wie eine Wünschelrute
beim Aufspüren von Wasser, zu hüpfen. Sie sprang von
einem Buchstaben zum anderen, die kreisförmig am
Boden des Gefäßes angebracht waren.

In ihrem Buch *Nostradamus trahi* versucht Elisabeth
Belecour nachzuweisen, daß Nostradamus die sogenannten Sibyllinischen Bücher, alte Weissagungen in Vers-
form, ebenso wie andere Schriften gekannt hat, die auf
uralte ägyptische Geheimriten zurückgehen.

Manchmal, so kann man es den Schriften des Nostra-
mus entnehmen, stellte er sich des Nachts auch auf das
Dach seines Hauses. Dann hatte er vor sich wiederum die
große Wasserschüssel aufgestellt. Er starrte auf die Wasserschüssel, der möglicherweise wiederum bestimmte,
benebelnde Dämpfe entstiegen und in der sich gleichzeitig die Sterne spiegelten. So versetzte er sich in Trance, in
eine Verzückung, die er selbst eine »trunkene Raserei«
nennt, eine »lymphatische Bewegung«, man könnte es,
modern ausgedrückt, als »psychische Erregung« bezeich-

nen – und die wiederum dasselbe ist, was schon im alten Delphi als »rasender Mund« beschrieben wurde. Nostradamus spricht auch von der »kleinen Flamme«, die aus der Erregung aufflackert und das Weissagen möglich macht.

WAR NOSTRADAMUS AUCH NOCH ALCHIMIST?

Aber neben diesen Praktiken, sich prophetischen Visionen aufzuschließen, muß er noch eine ganze Reihe anderer magischer Versuche unternommen und deren Ergebnisse aufgezeichnet haben. Wiederum im Vorwort an seinen Sohn Cäsar schreibt er von Experimenten, die eher auf alchimistische Unternehmungen schließen lassen. Aber jene »Protokolle« hat er leider verbrannt, aus Sorge, sie könnten in falsche Hände geraten.

Das ganze Gebiet der Magie bezeichnet der Seher schließlich als abscheulich. Er warnt davor, weil »sie den Körper ausdörrt, die Seele ins Verderben führt und die Einstellung zum Glauben verwirrt«. Ganz offensichtlich waren solche »Sitzungen« mit erheblichen körperlichen und seelischen Belastungen verbunden, mit Übermüdungen und Entbehrungen und enormen psychischen Anstrengungen.

ASTROLOGIE – ZUR KONTROLLE UND ZUR BERECHNUNG DER ZEITEN

Dem Ergebnis, den geschauten und erlebten Visionen, muß Michel Nostradamus zumindest anfänglich stark mißtraut haben.

Deshalb baute er eine Art Kontrolle ein – und das ist seine typische, unverwechselbare Eigenart. Damit wurde er zum ersten und einzigen Propheten, der sehr präzise

Zeitangaben macht. Das Kontrollinstrument aber war die Astrologie. Am Morgen nach der durchwachten Nacht nahm Nostradamus seine Aufzeichnungen zur Hand, die in Trance angefertigt waren, um sie, wie er sagte, »zu entschwefeln«. Das heißt, er überprüfte seine Prophezeiungen anhand sehr umfangreicher astrologischer Berechnungen, um auf diese Weise irgendwelche Phantastereien von den echten Weissagungen zu trennen, falls sich welche eingeschlichen haben sollten.

Die eigentliche Aufgabe der Astrologie bestand aber in der Fixierung von Ort und Zeit.

Wer jemals mit Wahrsagern oder Hellsehern zu tun hatte oder sich auch mit Prophezeiungen in der Bibel beschäftigte, der weiß, daß die zeitlichen Festlegungen, aber auch lokale Begrenzungen, zum schwierigsten gehören. Vor dem geistigen Auge des Mediums läuft ein Film ab. Er sieht Bilder, Szenen, ist vielleicht sogar selbst in das Geschehen miteinbezogen und muß dann das, was geschieht, mit allen Gefühlen und Regungen miterleben.

Die eigentliche Problematik dabei: Die Vision spult sich in rasender Geschwindigkeit ab, so daß das Medium mit dem Schauen kaum nachkommt und noch größere Not hat, sie zu schildern. So schnell, wie das geht, kann keiner sprechen. Deshalb sind Begriffe wie »rasender Mund« für das Medium überaus treffend.

Wann und wo sich das Ganze aber abspielt, das kann der Prophet nur dann feststellen, wenn die Umstände selbst einen Anhaltspunkt liefern: Es schneit, also muß es Winter sein. Oder an der Wand hängt ein Kalender mit deutlich lesbaren Daten. Doch solche Hinweise sind selten.

Manchmal aber gehen zwei, drei Ereignisse, die innerlich miteinander verbunden sind oder auch nach gleichem Muster ablaufen, im Visions-Film unmittelbar ineinander über. Das bekannteste Beispiel für eine solche Verschmelzung ist die Prophezeiung von der Zerstörung Jerusalems und vom Weltuntergang durch Jesus. Wie in diesem Buch aufgezeigt wird, fallen der Untergang der Heiligen Stadt des Alten Testamentes und der Untergang Roms, der Heiligen Stadt des Christentums, in jener Weissagung zu einem Bild zusammen. Der erste Teil hat sich im Jahre 70 n. Chr. auf grausame Weise erfüllt – genauso wie es vorhergesagt worden war. Wer die Prophezeiungen beachtet und verstanden hatte, konnte sich retten. Der zweite Teil läßt seit 2000 Jahren auf sich warten. Gewissermaßen entschuldigend sagt der »Prophet« Jesus:

> *Von jenem Tag und der Stunde aber weiß niemand etwas, nicht einmal die Engel des Himmels, außer der Vater allein.*«

(MATTHÄUS, 24. KAPITEL)

Nostradamus war überzeugt davon, einen Ausweg aus dieser Not der Prophezeiung gefunden zu haben: die Astrologie, oder wie er meistens noch sagt: die Astronomie, die Berechnung der Sternenbahnen.

Viele Nostradamus-Interpreten haben immer wieder versucht, nachzuweisen, ihr Prophet wäre doch überhaupt kein Astrologe gewesen. Sie taten das wohl, weil sie befürchteten, die Beschäftigung mit einer so obskuren Pseudowissenschaft könnte den Seher entwerten oder gar als Scharlatan entlarven.

Doch ohne Astrologie wäre Michel Nostradamus nicht denkbar und sein Werk nicht verstehbar.

SEINE ASTROLOGIE HAT MIT HOROSKOPEN NICHTS ZU TUN

Allerdings machte er zwischen Astrologie und der »Jahrmarkts-Horoskopstellerei« deutliche Unterschiede. Zweifellos war er selbst auch ein Astrologe, bei dem man ein Horoskop bestellen konnte. Er verfaßte Kalender, die über das Wetter, über drohende Katastrophen, kriegerische Überfälle, Seuchen und derlei Gefahren Auskunft gaben. Diese Kalender müssen ein sehr gutes Geschäft gewesen sein.

Nach seinem Tod 1566 fand man in seiner Tasche einen Kalender. Darin war sein eigenes Sterbedatum angekreuzt – astrologisch vorausberechnet: »Hic mors prope est«, stand hinter dem 2. Juli. Hier ist der Tod zur Stelle.

Doch diese »prognostische Astrologie« war nicht sein eigentliches Metier. Bei Horoskopen sind ihm, wie ein Dokument, im Archiv in Stockholm aufbewahrt, beweist, peinliche Fehler unterlaufen. Er sagte dem späteren Kaiser Rudolf II. (1574–1612) im Jahre 1564 voraus, er werde zweimal heiraten und in seinem Sohn den Nachfolger finden. Rudolf blieb unverheiratet. Er hatte keine Kinder. Und sein Nachfolger wurde der Bruder Matthias.

Nostradamus selbst hat sich von dieser Astrologie als Instrument der persönlichen Schicksals-Vorhersage auch immer wieder distanziert. In seinem Bannspruch gegen unberufene Interpreten seiner Prophezeiungen nannte er ausdrücklich auch die Astrologen:

> »Haltet euch fern, ihr Astrologen, Dummköpfe und Barbaren. Wenn ihr es nicht tut, sollt ihr nach alten heiligen Riten verflucht sein.«

(CENTURIE VI/100)

Und das hat er ganz ernst gemeint.

Seine eigentliche Astrologie war die »judicielle Astrologie«. Mit dieser Unterscheidung befindet er sich im Einklang mit den großen Theologen des Mittelalters. Schon Thomas von Aquin (1225–1274) hatte gelehrt – und das war durch viele Jahrhunderte so etwas wie die offizielle kirchliche Meinung: die Geburtshoroskope, die sich auf das Schicksal eines Menschen beziehen, sind abergläubisch, unerlaubt, ein Teufelswerk, weil sie dem freien Willen und den zufälligen Ereignissen nicht gerecht wer-

25

den können. Demgegenüber ist die Vorhersage aus den Sternen nicht nur erlaubt, sondern geradezu verdienstvoll, wo es um große Ereignisse geht, die zwangsläufig eintreten müssen, also bei Finsternissen, Katastrophen, Seuchen, Kriegen. Denn hier wird das physikalische Gesetz von Ursache und Wirkung durchschaubar.

Entsprechend verteidigt Nostradamus seine Astrologie im Brief an Sohn Cäsar: Der Himmel ist ewig. Er überspannt Vergangenheit, Gegenwart und Zukunft. Im Lauf der Sterne, die von Gott bewegt werden, lassen sich die großen Ereignisse herauslesen. Damit kann der Mensch hinter Gottes Planen und Walten blicken.

Wie erwähnt, stammen die Prophezeiungen des Nostradamus aber nicht aus astrologischen Berechnungen, sondern diese besaßen nur Kontrollfunktion und waren das Instrument zur zeitlichen und örtlichen Einordnung der Visionen.

Nach seiner eigenen Darstellung gab es für das Prophezeien somit drei Voraussetzungen: das angeborene natürliche Erbe der Ahnen, sein Talent. Sodann die erworbene Fähigkeit, in Trance zu gehen und dieses Talent somit jederzeit entfalten zu können. Schließlich sein astrologisches Wissen, die Kenntnis der Himmelsmechanik und ihrer Bedeutung für irdisches Geschehen.

Nostradamus selbst hielt dieses Fundament für das eigentlich tragende. Man muß sich, um das zu verstehen, in seine Zeit und in die damalige Denkweise versetzen: Die Erde und alles, was auf ihr existierte, das war die Welt unten, war fehlerhaft, vergänglich, schwach. Darüber spannte sich die andere, die vollkommene Welt, der Ort der Ewigkeit, an dem Gott selbst sich befand. Alles, was ihn umgab, war unendlich und fehlerfrei wie er selbst. Die sichtbaren Zeichen seiner Gegenwart aber waren die Sterne, die er bewegte – als wären sie Schalthebel für das, was nun auf der Erde in Gang gesetzt werden soll. Weil diese Hebel nicht willkürlich, sondern nach strenger

Ordnung und berechenbaren Gesetzen verschoben wurden, konnte man über sie Gottes Gedanken errechnen. Der Geist des Menschen, der die Sterne beobachtete, war »dem Himmel so nahe wie die Füße der Erde«.

KANN EIN »PROPHET« SICH IRREN?

Wenn es in den Prophezeiungen Schwachstellen geben sollte, dann hätten wir sie heute, mehr als 400 Jahre nach Nostradamus und geprägt von einem doch völlig anderen Weltverständnis, zuerst hier zu suchen: in den astrologisch bestimmten Zeitangaben. Nostradamus hat sie, wie er selbst sagt, »so gut er mit seinen schwachen Kräften es vermochte«, berechnet. Er war, wie jeder andre Mensch, ganz bestimmt nicht gefeit gegen Fehler. Darüber dürfen auch seine Glanzleistungen wie etwa die Errechnung der Sonnenfinsternis vom 11. August 1999 oder auch die präzise Voraussage des Ausbruchs des Zweiten Weltkrieges nicht hinwegtäuschen: In Zeitangaben sind Irrtümer nicht auszuschließen.

Eine zweite Fehlermöglichkeit liegt in der bereits angesprochenen Problematik, visionär geschaute Szenen richtig zu interpretieren. Ganz offensichtlich sah der Seher von Salon Atomexplosionen, Luftkriege, moderne Seeschlachten und U-Boot-Kriege. Er beobachtete Raketen, Weltraumfahrzeuge, den Einsatz von ABC-Waffen. Wie hätte er, der Mann des 16. Jahrhunderts, denn in der Lage sein sollen, diese ungeheuerliche, für ihn völlig fremde Welt zu begreifen, einigermaßen richtig zu schildern oder gar für sie passende Namen zu finden?

Er konnte es, teilweise trotz aller Stammelei, trotz beinahe verzweifelter Versuche, den Sinn zu erfassen, mit unglaublicher Präzision und verblüffender Deutlichkeit. Das ist um so erstaunlicher. Seine Prophezeiungen werden, je näher man sich mit ihnen befaßt, je tiefer man in sie

eindringt, immer noch verwunderlicher – ja erschrek-
kender.

VIEL SCHADEN DURCH INTERPRETEN

Über die Prophezeiungen des Michel Nostradamus ist viel
gerätselt, an ihnen ist in 400jähriger Geschichte viel her-
umgedeutet, und in sie ist viel blühender Unsinn hinein-
geheimnist worden. Jeder, der sich an die Centurien
heranwagt, ist automatisch in der Gefahr, herauszulesen,
was er selbst hören möchte. Daran kann es keinen Zweifel
geben. Jede Übersetzung in eine moderne Sprache ist
bereits eine Interpretation, eine Deutung, die ohne Fehler
nicht denkbar ist.

Diese Fehler, die falschen, bruchstückhaften, mißver-
standenen Deutungen der Texte, haben Nostradamus in
der zurückliegenden Zeit weit mehr Schaden zugefügt als
etwa nachweisbare Fehler in den Prophezeiungen selbst.

VON 1555 BIS ZUM JÜNGSTEN TAG IM JAHRE 3797

Der Seher hat zunächst sieben sogenannte Centurien
verfaßt, Hundertschaften, Zusammenfassungen über
das, was in Jahrhunderten geschehen wird. Es handelt
sich um jeweils 100 Vierzeiler. Die siebte Centurie besitzt
nur 44 Verse.

Diese 644 prophetischen Gedichtstrophen widmete
Michel Nostradamus am 1. März 1555 seinem erst zwei-
jährigen Sohn Cäsar, gewissermaßen als väterliches Vermächtnis. In einem Vorwort werden der Zweck der Prophezeiungen und die Art des Weissagens erklärt und
einige zusätzliche Ausblicke in die Zukunft gegeben.

Drei Jahre später, am 27. Juni 1558, waren neue Prophezeiungen, die Centurien VII – X, fertig. Sie ließ Nostrada-

mus, wiederum mit einem Einleitungstext versehen, dem damaligen König Heinrich II. überreichen.

Von beiden Werken behauptet der Seher, es wären »fortlaufende Prophezeiungen von 1555 bis zum Jüngsten Tag im Jahre 3797«. Doch von »fortlaufend« kann keine Rede sein. Die Verse stehen, von wenigen Ausnahmen abgesehen, in keinerlei Zusammenhang miteinander. Die Zeiten sind durcheinandergewürfelt. Vermutlich hat es Nostradamus gemacht wie die Erbauer der Pyramiden: Um Unbefugte vor dem Eindringen abzuhalten, wurden Zugänge zugemauert, Falltüren und Sackgassen angelegt.

Die richtige Reihenfolge der Verse fehlt. Vermutlich steckt hinter der Unordnung eine gewisse Gesetzmäßigkeit. Zumindest suchen Nostradamus-Forscher seit Jahrhunderten nach dem passenden Schlüssel, der die Zeitenfolge erschließen soll. Die einen bemühen dazu kabbalistische Zahlenspiele, andere zählen die Buchstaben der scheinbar willkürlich im Text verstreuten lateinischen Sätze. Es werden kunstvolle magische Quadrate konstruiert. Und immer wieder jubelt einer, er habe endgültig das Geheimnis gelöst. Doch bislang blieben alle Versuche dieser Art mehr als unbefriedigend.

Trotzdem ist es Nostradamus-Kennern zu allen Zeiten gelungen, einzelne Verse richtig zu interpretieren. In diesem Buch sind nur ein paar Beispiele aus der Vergangenheit angeführt.

BESTSELLER-AUTOR NOSTRADAMUS

Solche Interpretationen sind möglich, weil erstaunlicherweise die ursprünglichen, unverfälschten Texte bis in unsere Tage erhalten blieben. Die erste Gesamtausgabe der zehn Centurien und der beiden Vorreden wurden im Jahre 1568, also schon zwei Jahre nach dem Tod von

Nostradamus, gedruckt. Einige Exemplare davon existieren noch. 1605 und vor allem 1668 nach der vorausgesagten Enthauptung des englischen Königs Karl I. und dem ebenfalls prophezeiten Brand von London befand sich Europa in einem wahren Nostradamus-Fieber. Ein Nachdruck folgte dem anderen. Die Verleger gruben alte Kalender-Texte aus und fügten sie als Présages, Ankündigungen (141 Vierzeiler), und Prédictions, Vorhersagen (58 Sechszeiler), den Centurien an. Es tauchten bald auch »geheime Prophezeiungen« auf, nichts anderes als billige Fälschungen. Nostradamus war zu einem Bestseller-Autor geworden.

Und das trotz aller Schwierigkeiten, ihn zu lesen. Oder vielleicht gerade deshalb? Die Verse sind in einem alten, kaum mehr verständlichen Französisch geschrieben. Nostradamus mixt außerdem unentwegt lateinische und griechische Begriffe in die Texte und verwendet Bilder und Namen aus alten Mythen. Er kürzt Namen und Begriffe ab und gebraucht manchmal auch ein Anagramm, das heißt, die Buchstaben eines Namens werden miteinander vertauscht, damit der Leser nicht so leicht erkennen kann, wer gemeint ist.

Michel Nostradamus ist uns von seinem Freund Jean Aimé de Chavigny als sehr humorvoller und immer gutgelaunter Mann beschrieben worden. Er besaß helle graue Augen, die sehr sanft das Gegenüber musterten. Er hatte eine hohe Stirn und trug, wie es damals für gelehrte Herren Sitte war, einen mächtigen, langen Vollbart. Keine Spur von sadistischer Bosheit, die ihr Vergnügen darin findet, die verunsicherte Menschheit über Jahrhunderte mit Schreckensvisionen zu quälen. Vielleicht muß man das ausdrücklich festhalten, wenn man über ihn spricht.

»Es gibt nichts mehr zu tun. Ich gehe zu Gott. Es kommen die Nächsten, Freunde und Blutsbrüder. Ich werde neben dem Bett auf einer Bank gefunden. Tot.«

(PRÉDICTION 141)

So hat er sein eigenes Sterben vorhergesehen. Und so ist es gekommen. Am 1. Juli 1566 saß Nostradamus abends noch mit de Chavigny zusammen. Die beiden lachten und plauderten. Beim Abschied sagte Nostradamus fast beiläufig: »Adieu, mein Freund. Morgen früh beim Sonnenaufgang lebe ich nicht mehr.« De Chavigny glaubte, er wollte ihn mit einem makabren Scherz erschrecken. Am nächsten Morgen stand Michel Nostradamus früh auf, weil ihm ein Angina-pectoris-Anfall die Brust zusammenschnürte. Er setzte sich auf die Bank neben dem Bett – und brach tot zusammen. Es war der 2. Juli, das vorausberechnete Datum seines Todes.

Umsturz auf der Erde –
Umsturz am Himmel –
und das alles um das Jahr 2000

Wer Nostradamus näherkommen will, der muß zunächst
seine beiden Vorworte kennen. In ihnen erklärt er sich
selbst. Zweck, Absicht, aber auch »Machart« seiner Prophezeiungen werden beinahe wie in einer Gebrauchsan-
leitung verständlich gemacht. Zugleich gibt der Seher
aber auch eine Zusammenfassung seiner Zukunfts-
Schau.

Das erste Vorwort richtete Nostradamus an seinen
kleinen Sohn Cäsar, weil er wußte, daß er keine Zeit mehr
haben wird, von Mann zu Mann mit ihm darüber zu
sprechen. Cäsar war »spät« geboren worden: sein Vater
hatte das 52. Lebensjahr überschritten und nur noch elf
Jahre zu leben.

Zum besseren Verständnis der nicht ganz einfachen
Texte, die möglichst wortgetreu übersetzt sind – auch
dort, wo ein Satz nicht auf Anhieb einsichtig ist –, wurde
die Vorrede in Absätze geteilt. Die Zwischentitel sind
ebenfalls ergänzt und dienen der Verdeutlichung:

Vorwort des M. Michel Nostradamus zu seinen Prophezeiungen

An Cäsar, den Sohn des Nostradamus.

Leben und Glück.

Dein spätes Ankommen, mein Sohn Cäsar Nostradamus, hat mich veranlaßt niederzuschreiben, was ich seit langem in regelmäßigen Nachtwachen zusammengetragen habe. Nach dem körperlichen Dahinscheiden deines Vaters sei es dir als Vermächtnis hinterlassen. Was mir durch Gottes Wesenheit und durch astronomische Umwälzungen zur Kenntnis gebracht wurde, soll zum allgemeinen Nutzen der Menschheit werden. Weil es dem unsterblichen Gott gefallen hat, dich nicht im natürlichen Licht auf diese Erde kommen zu lassen — damit sind nicht deine Lebensjahre angesprochen, sondern deine März-Monate —, bist du unfähig, in deinem schwachen Verständnis das zu begreifen, was ich gezwungenermaßen nach meinen Tagen erklären müßte.

JEDE PROPHEZEIUNG KOMMT VON GOTT

Sieh, so ist es mir nur möglich, dir schriftlich zu hinterlassen, was vom Zahn der Zeit unkenntlich gemacht würde. Doch das Erbwort der verborgenen Vorhersage ist in meinem Magen verschlossen. Man muß auch in Betracht ziehen, daß die Ereignisse der Menschheit letztlich ungewiß sind und daß alles regiert und verwaltet wird von der unbegreiflichen Macht Gottes. Sie inspiriert uns, nicht durch trunkene Raserei und nicht in psychischer Erregung, sondern durch astronomische Versicherungen. Nur durch das göttliche Walten angehaucht sagen die Sterne die Zukunft voraus und haben sie Anteil am prophetischen Geist.

Wie oft schon habe ich seit langem, mehrfach und lange Zeit im voraus vorhergesagt, was dann eingetroffen ist. Für manche Gebiete muß man hinzufügen, daß das alles durch göttliche Kraft und Macht zustande kam. Andere glückliche und traurige Ereignisse, die rasch und treffend vorausgesagt waren und die eingetroffen sind, kamen durch das Klima der Welt zustande. Ich wollte eigentlich schweigen und davon ablassen wegen der Beleidigung. Dabei denke ich nicht so sehr an die gegenwärtige, sondern auch hauptsächlich an die zukünftige.

PROPHETEN WERDEN IMMER ABGELEHNT

Wenn man schriftlich darlegt, warum Könige, Parteien, Religionen so radikale Veränderungen durchmachen werden – vom gegenwärtigen Blickwinkel aus gesehen sich ins entgegengesetzte Gegenteil wenden, wenn ich das zu sammeln versuchte, was in Zukunft sein wird, werden die Leute des Königs, der Partei, der Religion und des Glaubens es so unpassend finden zu dem, was sie sich in ihrer hellhörigen Phantasie ausmalen, daß sie verdammen werden, was für Jahrhunderte als Zukunft erkennbar vorausgesehen ist.

Ich habe es gesehen.

Ich habe mich auch auf das Wort des wahren Erlösers verlassen:

»Gebt das Heilige nicht den Hunden und werft die Perlen nicht vor die Säue, damit diese sie nicht mit Füßen treten und sich umdrehen und euch zerreißen.«

DESHALB IST DER SINN VERSCHLEIERT

Das war der Grund für mich, meine Sprache von der Allgemeinverständlichkeit und die Feder vom Papier zurückzuziehen. Ich wollte das Geschriebene sogar auslöschen.

Nun erkläre ich die Ereignisse der Zukunft, soweit sie allgemein wichtig sind, mit verschlossenen und verwirrenden Sätzen. Das gilt auch für dringendste Dinge und für jene künftigen menschlichen Veränderungen, die, wie ich gesehen habe, der offensichtlichen Schwäche ein Ärgernis sein werden.

Alles ist in vernebelten Bildern dargestellt, mehr noch als in allen anderen Prophezeiungen. Schließlich heißt es doch: »Du hast es den Weisen verborgen und den Klugen, das heißt den Königen und Mächtigen, und du hast es erläutert den Kleinen und Schlichten.«

Den Propheten ist durch den unsterblichen Gott und durch die guten Engel der Geist der Weissagung zuteil geworden. Durch ihn sehen sie weit entfernte Dinge, und sie können die künftigen Ereignisse vorhersehen.

Denn nichts kann sich ohne ihn vollenden, dessen Macht so groß ist. Seine Gnade gehört den Menschen. Solange sie in ihr verharren, und zwar aufgeschlossen für andere menschliche Fähigkeiten wie etwa die Ursache des guten Genius, wird sich jenes Feuer und die prophetische Fähigkeit uns nähern – so wie Sonnenstrahlen auf uns zukommen. Sie treffen mit ihrer Wirkung auch auf den gewöhnlichen Körper und auf den vergeistigten.

Wir Menschen können aus natürlicher Erkenntnis und Neigung nichts automatisch von den verborgenen Geheimnissen Gottes, des Schöpfers, erkennen, weil es nicht unsere Sache ist, »die Zeit zu kennen noch den Augenblick...« Und so weiter. Gleichwohl gibt es jetzt wie in der Zukunft Leute, durch die Gott der Schöpfer in bildhaften Impressionen einige Geheimnisse der Zukunft enthüllen will. Sie sind im Einklang mit der berechenbaren Astrologie. In der Vergangenheit war das auch schon so. Durch diesen Kontakt kommt eine gewisse Kraft und kommen erwünschte Fähigkeiten, so wie die Flamme vom Feuer kommt. Man wird inspiriert und vermag gleichzeitig die göttlichen von den menschlichen Eingebungen zu unterscheiden.

Denn die Werke Gottes sind völlig absolut. Gott hat sie vollendet mit Hilfe der Engel, die sich zwischen ihm und dem Bösen befinden.

Gewiß, mein Sohn, ich spreche hier ein wenig unverständlich. Was immer aber die geheimen Weissagungen betrifft, die man durch den alles durchdringenden Geist des Feuers empfangen kann: Manchmal übersteigen sie das Begreifen.

Wenn ich während der Nachtwache die höchsten Sterne beobachte und ebenso bei den Niederschriften, bin ich immer wieder überrascht darüber, daß ich die Ankündigungen ohne die geringste Furcht vor einer frechen Geschwätzigkeit niederschreibe.

Das ist ganz einfach so, weil alles aus der göttlichen Macht des großen und ewigen Gottes hervorgeht, aus der alles Gute entspringt.

Noch eines, mein Sohn, da ich den Namen Prophet erwähnt habe: Ich will mir den Titel so großer Erhabenheit nicht beilegen. Denn: was heute als Prophet bezeichnet wird, hieß früher Seher. Der Prophet im ursprünglichen Sinn, mein Sohn, sieht Dinge, die weitab vom natürlichen Wissen jeder Kreatur liegen. Wenn es aber vorkommt, daß der Prophet dank einer vollkommenen prophetischen Erleuchtung unverhüllt göttliche und menschliche Dinge sieht, dann ist das nur möglich durch kausale Zusammenhänge einer langfristigen Vorhersage der Zukunft.

Denn die Geheimnisse Gottes sind an sich unbegreiflich. Die wirkende Kraft berührt aber in weitem Abstand die natürliche Einsicht, die ihren nächsten Ansatzpunkt in der Willensfreiheit besitzt.

Tatsachen lassen auf Ursachen rückschließen, die von sich aus nicht erfaßbar wären, weder durch menschliches Deuten noch durch eine andere Einsicht oder durch Kräfte oder Kulthandlungen. Sie werden begriffen unter der Wölbung des Himmels selbst, der greifbaren Gegenwart der ganzen Ewigkeit. Sie hält alle Zeiten umarmt.

Dank dieser unteilbaren Ewigkeit aber und durch die kreisförmigen Vorgänge sind die Ursachen in den himmlischen Bewegungen erkennbar.

Mein Sohn, verstehe es wohl: ich sage damit nicht, die Einsicht in diese Materie könnte nicht noch in dein schwaches Gehirn eindringen. Ich behaupte nicht, die Ursachen der entfernten Zukunft wären von der vernünftigen Kreatur nicht erfaßbar. Sofern sie ihm nicht im Wege stehen, nimmt das Geschöpf mit der geistigen Seele die gegenwärtigen und entfernten Dinge tatsächlich wahr. Und sie sind für ihn weder zu dunkel noch zu deutlich enthüllt.

Aber auch die perfekte Einsicht in diese Dinge kann man nicht ohne göttliche Eingebung erwerben. Schau, jede prophetische Inspiration erhält ihren ersten bewegenden Anfang von Gott dem Schöpfer. Danach erst kommen Horoskop und natürliche Begabung.

Weil aber die Ursachen unterschiedslos sind, unterschiedslos hervorgebracht oder auch nicht hervorgebracht, ergibt sich die Prophezeiung aus vorhergesagten Teilstücken.

*Denn das aus dem Verstand geschaffene Verständnis kann nicht
für Okkultes eingesetzt werden — es sei denn durch die Stimme,
gewachsen aus Gefühlsregungen mit Hilfe der winzigen
Flamme, in deren Spiel die künftigen Dinge sich zu enthüllen
beginnen. Ich bitte dich auch, mein Sohn, beschäftige niemals
deinen Verstand mit solchen Träumereien und Nichtigkeiten.*

*Sie trocknen den Körper aus und führen die Seele ins Verder-
ben. Sie verwirren die Einstellung zum Glauben.*

*Dazu gehört auch die Nichtigkeit der mehr als abscheulichen
Magie, schon früher verworfen von den Heiligen Schriften und
vom göttlichen Canon, in erster Linie ausgenommen nur der
Spruch der berechenbaren Astrologie. Neben der Inspiration und
der göttlichen Erleuchtung waren es die ständigen Berechnungen, dank derer ich meine Prophezeiungen niederschreiben
konnte.*

*Wenn ich auch nicht fürchtete, die dunklen Philosophien
könnten verworfen werden, so wollte ich ihre hemmungslose
Überredungskunst denn doch nicht präsentieren, obwohl ich
weiß, daß mehrere (ähnliche) Bücher während langer Jahrhunderte verborgen blieben und auch nicht öffentlich bekannt
wurden.*

*Weil ich nicht sicher weiß, was geschehen wird, habe ich meine
magischen Schriften nach der Lektüre verbrannt.*

DIE ENTDECKUNG DER PROPHETISCHEN GABE

*Während die Flamme sie verzehrte und in die Luft züngelte,
entstand eine ungewöhnliche Helligkeit. Sie war heller als
natürliches Licht, so wie das blitzende Feuer eines Gewehres. Es
erleuchtete das Haus so plötzlich, als wäre ein jäher Brand
entstanden.*

*Ich habe die okkulten Schriften in Asche verwandelt, damit sie
in der Zukunft nicht mißbraucht werden können. Gibt es doch
Leute, die nach der vollkommenen Umwandlung von Silber in
Gold forschen, die unter der Erde nach unvergänglichem Metall
suchen und nach okkulten Wellen fahnden.*

DIE DREI ELEMENTE DER PROPHEZEIUNG

*Über die Urteilskraft, die sich mit Hilfe der himmlischen Urteils-
kraft vervollkommnet, will ich dir folgendes offenlegen:*

*Nur und gerade weil man Kenntnis über künftige Ereignisse
besitzt, ist man in der Lage, phantastische Einbildungen sicher
zu verwerfen, wenn sie auftauchen.*

*Die Besonderheit der geschauten Orte läßt sich durch göttli-
che, übernatürliche Eingebung abgrenzen.*

*Dann bringt man diese Orte mit den himmlischen Zeichen in
Einklang, um die dazugehörenden Zeitabschnitte zu bestimmen.*

*Es sind also drei Schritte: okkultes Wissen, Begabung und
Vermögen und göttliche Macht, vor deren Angesicht die drei
Zeiten in der Ewigkeit zusammengefaßt sind. Der Wechsel, der
in ihr stattfindet, macht Vergangenheit, Gegenwart und
Zukunft aus: »Weil alles nackt und offen vor dir liegt . . .«*

*Aus diesem Grund, mein Sohn, kannst du leicht verstehen,
trotz deines noch zarten Verstandes, daß die künftigen Dinge
sich ankündigen können – in den nächtlichen himmlischen
Lichtern, die natürlich sind, und durch den Geist der Prophezeiung.*

Ich will mir weder den Namen noch die Leistung eines Propheten anmaßen. Aber durch die unverhüllte Eingebung sind die Sinne des sterblichen Menschen ebensowenig vom Himmel entfernt wie seine Füße von der Erde: »Ich kann mich nicht irren. Ich kann nicht mißbraucht, nicht getäuscht werden...«

Ich bin ein größerer Sünder als jeder andere auf dieser Welt, jeder menschlichen Bedrängnis unterworfen. Einige Male in der Woche aber überfällt mich eine Art Trance-Zustand. In langen Berechnungen vermittle ich den nächtlichen Studien später den entschwefelten Wohlgeruch.

So entstanden prophetische Bücher. Jedes enthält 100 Vierzeiler, astronomische Voraussagen. Ich wollte sie absichtlich ein bißchen zusammenstückeln. Es handelt sich um fortlaufende Weissagungen von heute bis in das Jahr 3797. Wenn möglich, wird einer oder der andere die Augenbinde zurückziehen, um Einblick zu bekommen in die so lange Zeitspanne. Das wird während der ganzen Rundung des Mondes (bei Vollmond) stattfinden und verstanden. Man begreift dann die Zusammenhänge auf der ganzen Welt, mein Sohn.

Wenn du dich auf natürliche, menschliche Weise entwickelt hast, wirst du auch die künftigen Dinge voraussehen. Du wirst sie sehen in deiner Heimat, am klaren Himmel deines Geburtsortes.

WARUM PROPHEZEIUNGEN WAHR SEIN MÜSSEN

Wie dem auch sei: Der ewige Gott allein kennt die Ewigkeit seines Lichtes, das aus ihm selbst hervorgeht. Ich sage ganz offen: Wem er seine unendliche, unermeßliche und unbegreifliche Größe in tiefsinnigen Eingebungen enthüllen wollte, was nur mittels verborgener Ursachen von Gott geoffenbart werden kann, der empfängt das hauptsächlich aus den zwei wichtigsten Quellen: Die eine ist eingegeben. Das übernatürliche Licht erstrahlt in der Person, die aus der Sternenkunde Voraussagen macht. Die zweite: Er prophezeit dank einer inspirierten Enthüllung, die ein gewisses Teilhaben an der göttlichen Ewigkeit darstellt. Dank dieser Gnade vermag der Prophet zu beurteilen, was sein göttlicher Geist ihm durch den Schöpfer und durch eine natürliche Anregung vermittelt hat.

Das bedeutet aber: Das, was vorausgesagt ist, ist wahr. Es hat seinen Ursprung im Himmel genommen. Sein Licht der Höhe hat nicht weniger aufgehellt als das natürliche Licht. Das natürliche Licht aber gibt den Philosophen die Gewißheit, daß sie, dank der Prinzipien der ersten Ursache, die tiefsten Abgründe der höchsten Lehren erreicht haben.

Genug davon. Ich will mich nicht zu tiefsinnig auslassen, sonst verstehst du es später doch nicht.

An dieser Stelle bricht Nostradamus seine Erklärungen ab. Er weiß, daß sein Sohn Cäsar nicht in der Lage sein wird, sein Werk zu verstehen. Die Weissagungen sind ja auch nicht an ihn, sondern an die Menschen späterer Zeiten gerichtet.

Doch auch jene, das sieht Nostradamus voraus, werden das alles nicht begreifen. Das ist die Überleitung zu einer Kurzfassung der Prophezeiungen, wobei Nostradamus sofort den wesentlichen Punkt anspricht, den, auf den es bei allen Prophezeiungen ankommt: der letzte große Aufruhr. Der Seher verwendet das Wort »Revolution« für das, was unten auf der Erde und oben am Himmel sich ereignen wird. Die unvorstellbaren Wasserfluten, der Steinregen und das Feuer, das vom Himmel fallen soll, müssen ganz sicher wörtlich verstanden werden. Es liegt nahe, bei dieser Schilderung an das Kippen der Erdachse zu denken und Verschiebungen kosmischer Kräfte.

Die folgende Zeitangabe ist ein astrologischer Hinweis, der später eingehend erläutert wird.

*Auch die Wissenschaftler werden ein riesiges und unvergleich-
liches Gequassel anstellen, weil ich herausfand, daß der Erde ein
weltweiter Aufruhr bevorsteht. Die Überschwemmung und die
Fluten werden so hoch sein, daß es kaum ein Gebiet mehr geben
wird, das nicht mit Wasser bedeckt wäre. Und sie wird so lange
dauern, daß nach Zeit- und Ortsbestimmung alles verloren zu
sein scheint.*

*Vor diesen Ereignissen aber und ebenfalls nach der Riesenflut
wird es in verschiedenen Gebieten so wenig regnen, und riesige
Mengen von Feuer und herabstürzenden Steinen werden vom
Himmel fallen, daß dort keiner bleiben kann, ohne erschlagen zu
werden. Das wird sich in Kürze und vor dem letzten Aufruhr
ereignen. Dann nämlich, wenn der Planet Mars seinen Rhythmus zu Ende bringt und am Ende seiner letzten Periode, wenn er
seinen Lauf von vorne beginnt. Dann sind die einen Planeten für
mehrere Jahre im Sternkreiszeichen Wassermann versammelt,
die anderen halten sich für noch längere Zeit und unverrückbarer
im Zeichen Krebs auf.*

Erneut bricht Nostradamus ab. Er kehrt zurück zum
Ausgangspunkt 1555, um von hier aus noch einmal einen
weiten Bogen zum Augenblick des »großen Umsturzes«
zu spannen. Die »Herrschaft des Mondes« spricht wiederum eine uralte astrologische Weltordnung an. Sie geht
zurück auf babylonische, vielleicht sogar vorbabylonische
Astrologie.

Für uns moderne Menschen unvorstellbar haben
bereits die Weisen der frühen Jahrtausende den Umlauf
der Sterne und die Verschiebungen der großen Sternbilder berechnet. Sie ermittelten das sogenannte »platoni-
sche Jahr«, einen Zeitraum von 25827 Jahren. So lange
dauert es, bedingt durch die Kreiselbewegung der
Erdachse, bis die 12 Sternkreiszeichen vom Widder bis zu
den Fischen wieder ihre ursprüngliche Position am Himmel einnehmen. Alle 2152 Jahre verschieben sich diese
Bilder um ein Zeichen, so daß wir heute das Sternbild

Widder am Himmel dort sehen, wo vor 2152 Jahren zur gleichen Jahreszeit noch der Stier stand. Die Astrologen nennen den Zeitraum von 25827 Jahren, der für die Verschiebung durch alle 12 Zeichen benötigt wird, ein Weltenjahr. 2152 sind entsprechend ein Weltenmonat und 538 Jahre sind eine Weltenwoche. Der Weltentag zählt 77 Jahre.

Jeder dieser Zeiträume besitzt nach der alten Vorstellung einen eigenen Regenten. Das »finstere« Mittelalter stand, so sagt Nostradamus übereinstimmend mit der Astrologie seiner Zeit, unter der Herrschaft des Mondes, dem Symbol der Innerlichkeit, der Frömmigkeit, der Empfindsamkeit und Sehnsucht nach dem Jenseits. Der Weltenmonat des Mondes ging zur Zeit des Nostradamus aber eben zu Ende. Er wurde abgelöst vom Sonnenmonat. Die Zeit der strahlenden Königsherrschaften, der barocken Lebensfreude und der glanzvollen Äußerlichkeiten begann. Nicht von ungefähr nannte man den prächtigsten der Könige der damaligen Zeit, Ludwig XIV., den Sonnenkönig.

In unseren Tagen folgte der Sonnenherrschaft die Zeit des Saturns. Dieser Stern steht für Zerstörung, für Gewalt und Terror:

Jetzt stehen wir unter der Herrschaft des Mondes. Dank der vollkommenen Macht des ewigen Gottes wird die Sonne folgen, noch bevor der Mond seinen Zyklus vollkommen beendet hat. Der Sonne folgt Saturn. Wenn nach den Gesetzen des Himmels Saturn rückläufig wird, das ist alles berechnet, nähert sich die Erde einem zeitverändernden Umsturz.

Erneut wendet sich Nostradamus den unmittelbar bevorstehenden Ereignissen zu. Die seiner Zeit folgenden 177 Jahre umfassen die Zeit der blutigen Religionskriege in Europa, die schlimmen Jahre des Dreißigjährigen Krieges mit all seinen Folgen:

Von diesem jetzigen Augenblick an, in dem dies geschrieben wird, gibt es 177 Jahre, drei Monate und 11 Tage. In dieser Zeit, vorher und nachher, wird die Welt mehrfach durch Pest, lange Hungersnot und Kriege, mehr noch durch Überschwemmungen, stark verkleinert. So wenig wird von der Welt übrigbleiben, daß man kaum mehr einen finden wird, der sich um die Felder kümmern will. Wer in langem Prozeß zum freien Mann geworden ist, wird sich wiederum wie ein Sklave vorkommen.

Und wieder schwenkt der Seher – diesmal ganz deutlich und unverhüllt – in unsere Tage: Er spricht vom 7. Jahrtausend. Diese Angabe wird im folgenden Vorwort an König Heinrich II. deutlich. Nostradamus geht davon aus, daß die Erde vor Christus rund 4000 Jahre bestanden hat. Mit Christus hätte demnach das 5. Jahrtausend begonnen, und das Jahr 2000 wäre dann der Anfang des 7. Jahrtausends seit Erschaffung der Welt. Zu Beginn dieses Jahrtausends soll die große Verschiebung, die Revolution, der Umsturz beginnen, gegen Ende des Jahrtausends erst würde die bis dahin schief stehende Erde wieder in die jetzige Lage zurückgedreht:

Nach allem, was man am sichtbaren Himmel ablesen kann, vollendet sich das alles erst, wenn wir uns im 7. Jahrtausend befinden, das alles vollendet, wenn wir uns dem 8. Jahrtausend nähern, wenn das Firmament sich in der 8. Sphäre befindet, die von einer breiten Dimension ist.

Der große und ewige Gott wird sich in jener Zeit aufmachen, den Umsturz zu vollenden. Die himmlischen Bilder werden zu ihrer gewohnten Bewegung zurückkehren. Die übergeordnete Bewegung wird die Erde wieder stabil und unerschütterlich machen: »Sie soll nicht auf ewig weggedreht werden ...«

Das muß so sein, damit sein Wille erfüllt wird, aus keinem anderen Grund. Gleichwohl wird man, beeinflußt von mohammedanischen Illusionen, widersprüchliche Meinungen darüber äußern, die jede natürliche Vernunft übersteigen.

Es folgt eine Mahnung, die »Zeichen« nicht zu übersehen. Nostradamus spricht von den »feurigen Sendboten« und meint damit die Kometen, der Vorstellung seiner Zeit nach Unglücksboten. In diesem speziellen Fall ist wohl der Halleysche Komet gemeint, der 1985 sich der Erde wieder einmal nähert:

Auch wird Gott einige Male durch die Sendboten feuriger, flammender Botschaften, den äußerlichen Sinnen, selbst dem Auge wahrnehmbar, die Ursachen der Voraussagen der Zukunft als deutendes Ereignis der Zukunft anbieten. Diese muß sich dem, der prophezeit, offenbaren. Denn die Weissagung, die aus den äußeren Lichtern möglich wird, wird in dem Teil unfehlbar, in dem sich mit und mittels der äußeren Lichter eine Kontrolle finden läßt. Gleichfalls ist wahr, daß jener Teil, den man allem Anschein nach durch das Auge des Verstehens bekommt, nicht durch eine Schädigung der Vorstellungskraft zustande kommt. Der Grund ist ganz offensichtlich: Alles wird durch göttliche Einhauchung dem Propheten vorausgesagt und durch den Geist der Engel eingegeben. Er wird gesalbt mit der Gabe der Weissagung, die ihn erleuchtet. Ihm wird das Hindernis der Phantasie durch verschiedene Erscheinungen in der Nacht und durch prophetische Sicherheit in der astronomischen Kontrolle am Tag weggeräumt. Verbunden mit der heiligsten Prophetie (in der Bibel) achtet er auf nichts anderes als auf seinen freien Mut.

Komm, mein Sohn, in dieser Stunde und höre, was ich bei meinen Umtrieben gefunden habe, die mit den enthüllten Eingebungen übereinstimmen: Das Schwert des Todes ist uns in diesem Augenblick nahe. Es drohen Pest und Krieg schlimmer als zu Zeiten der drei letzten Generationen. Hunger wird sich auf der Erde ausbreiten und dorthin oft zurückkehren.

Und noch ein Hinweis, der an uns Menschen des ausgehenden 20. Jahrhunderts gerichtet sein könnte: Die Sterne versammeln sich, um eine »Revolution« auszulösen. Das ist zweifellos die seltene Sternenkonstellation, die im Herbst 1982 gegeben ist: Nahezu alle Planeten, zumindest die wichtigen, stehen in einer fast geraden Linie, als wären sie an einer Schnur aufgereiht. Die Sonne wird eine Zeitlang von ihren Planeten nicht umringt, sondern diese hängen alle miteinander auf einer Seite, zerren und reißen wie die Kugel, die der Hammerwerfer beim Wettkampf um seinen Körper dreht, ehe er sie loswirft. Die Erde aber befindet sich in diesem Kräftespiel mittendrin wie auf einem Streckbett: An einer Seite zieht die Sonne, auf der anderen die großen Planeten Jupiter und Saturn. Auch davon wird später noch ausführlich zu sprechen sein:

Die Sterne vereinigen sich zu einer Umwälzung, wie schon gesagt wurde: »Ich will mit einer eisernen Rute ihre Ungerechtigkeiten heimsuchen, und mit Geißeln werde ich sie schlagen.«

Die Barmherzigkeit Gottes wird eine Zeitlang nicht mehr ausgegossen, mein Sohn, bis die Mehrzahl meiner Prophezeiungen sich erfüllt hat. Diese werden sich erfüllen im Augenblick, da sich der große Aufruhr verwirklicht.

Während des finsteren Ungewitters »will ich sie zerquetschen«, wird der Herr sagen. »Ich zerbreche sie und habe kein Mitleid.«

Tausend andere Ereignisse werden uns zustoßen – durch Wasser und unaufhörlichen Regen, wie ich das mehrfach und ausführlich in meinen anderen Prophezeiungen schriftlich dargelegt habe. Sie sind ungekürzt zusammengestellt in »ungebundener Sprache«. Ich habe die Orte eingegrenzt, Zeiten und Fristen fixiert, damit die Menschen, die nach uns kommen, die künftigen Ereignisse fehlerfrei erfahren. In anderen Schriften habe ich mich noch klarer ausgedrückt. Die Gebildeten werden die Prophezeiungen trotz der Vernebelung verstehen.

»Wenn aber die Unwissenheit abgetreten sein wird«, wird die Sache noch klarer sein.

Ich muß Schluß machen, mein Sohn. Nimm das Geschenk deines Vaters Michel Nostradamus an. Ich hoffe, daß sich jede der Prophezeiungen in den Vierzeilern dir erklären wird. Der unsterbliche Gott möge dir ein ewiges Leben und gutes, ersprießliches Glück schenken.

Salon, 1. März 1555

DIE WELT WIRD VERÖDEN ...

Die letzten drei Centurien (VIII, IX, X) widmete Michel Nostradamus dem französischen König Heinrich II. (1547–1559). Er ist derselbe Herrscher, der den Arzt Michel Nostradamus schon zu sich kommen ließ und der den Seher Nostradamus vor den strengen kirchlichen Behörden in Schutz nahm. Er kam nach einer Verletzung bei einem Turnier ums Leben, weil er die Warnung von Nostradamus, er werde am Auge getroffen, in den Wind geschlagen hatte.

Die Widmung ist also gerichtet:

An den unbesiegbaren, überaus mächtigen und allerchristlichsten Heinrich II., König von Frankreich.

Von Michel Nostradamus, dem sehr ergebenen, sehr gehorsamen Diener und Untertan.

Sieg und Gerechtigkeit.

Wie das in damaliger Zeit üblich war, versichert Nostradamus zunächst in langen und überschwenglichen Grußformeln seine Ergebenheit. Dann bittet er den König, er möge ihm die Kühnheit des »Geschenkes« nicht verübeln, doch es gäbe schließlich keinen, bei dem die Prophezeiungen besser aufgehoben wären als bei ihm, dem so klugen und weisen Fürsten. Danach schickt er den Versen wiederum eine sehr umfassende Erklärung und Einleitung voraus, die allein für sich ein gewaltiges prophetisches Gemälde der kommenden Jahrhunderte darstellt:

NICHT JEDER SOLL DAHINTERKOMMEN

Die nächtlichen, prophetischen Eingebungen entstammen einem natürlichen Instinkt. Sie sind in Verse gefaßt, deren poetisches Feuer sich aber über die Regeln der schönen Dichtkunst hinwegsetzt.

Die meisten Verse wurden mit astronomischen Berechnungen in Einklang gebracht. Sie skizzieren Jahre, Monate, Wochen und betreffen Gebiete, Gegenden und die meisten Orte und großen Städte von ganz Europa. Sie beziehen auch Gebiete Afrikas mit ein und einen Teil Asiens, soweit die kommenden Veränderungen der Regionen für die meisten dieser Gebiete auch klimatische Veränderungen mit sich bringen. Die Verse bilden außerdem verschiedene natürliche Blickwinkel.

Man wird einwenden: Für einen, der es nötig hat, sich die Nase zu putzen, ist der Rhythmus der Verse genauso leicht zu begreifen, wie es schwierig ist, hinter ihren Sinn zu kommen. Der größte Teil der prophetischen Vierzeiler, gnädigster König, ist nur deshalb so anstößig, damit nicht jeder herausfinden wird, wie man diese lesen soll, geschweige denn, wie sie interpretiert werden müssen. Trotzdem hoffe ich in dieser Schrift die Jahre, die Städte, Großstädte, Gegenden festgehalten zu haben, in denen sich das meiste ereignen wird, vor allem zwischen 1585 und dem Jahre 1606.

*Ich fange an mit der gegenwärtigen Zeit, mit dem 14. März
1547. Von da an schaue ich sehr weit voraus bis zu dem Ereignis,
das, nach den sehr gründlichen Berechnungen, nach dem Beginn
des 7. Jahrtausends eintreffen soll. Dort, so legen es meine
astronomischen Berechnungen und mein Wissen nahe, werden
die Gegner Jesu Christi und seiner Kirche übermächtig zu
wuchern beginnen: Das alles ist komponiert und berechnet nach
ausgewählten Tagen und Stunden und dann zusammengestellt,
so gut ich es nur konnte. Das ist der Tag der befreiten und
keineswegs widerstrebenden Göttin der Kunstfertigkeit,
Minerva. Ich berechnete nahezu ebenso viele Ereignisse für die
Zukunft, wie es sie in der Vergangenheit, eingeschlossen die
Gegenwart, gegeben hat. So wird man im Laufe der Zeit in allen
Gegenden die Zukunft erkennen können – ganz genau so, wie es
hier niedergeschrieben ist. Man braucht nicht zu mißtrauen. Es
gibt keine Übertreibung.*

*Gewiß, man pflegt zu sagen: »Was sich über das Zukünftige
sagen läßt, besitzt keinen unverrückbaren Wahrheitsgehalt.« Es
ist wahr, Sire, ich habe meine natürliche Veranlagung von
meinen Vorfahren geerbt. Aber ich wagte es nicht, mich mit dem
Wahrsagen zu brüsten. Dann brachte ich allerdings diese natürliche Begabung mit meinen langen Berechnungen in Zusammenhang. Und es gab Übereinstimmung. Ich befreite meine Seele,
den Geist und das Herz von allen Sorgen und Zweifeln und
falschen Gemütsregungen, indem ich die Gedanken zum Schweigen und zur Ruhe brachte. Aber alles, was da in Einklang
gebracht und vorausgesagt wurde, beruht letztlich auf der
Prophezeiung.*

*Mögen mir auch noch so viele vorwerfen, das, was da
ausschließlich von mir stamme, sei nichts wert. Der ewige Gott
allein sieht in das menschliche Herz – mild, gerecht und
barmherzig. Er ist der wahre Richter. Zu ihm bete ich, er möge
mich verteidigen gegen die Verleumdungen der Bösartigen. Es
sind dieselben, die in verleumderischer Absicht versuchen her-*

auszufinden, wieso alle Ihre alten Vorfahren, wenn sie Könige
von Frankreich wurden, die Skrofulose heilten und warum
Könige anderer Völker Heilkräfte gegen Schlangenbisse besaßen,
und wieder andere die Gabe der Weissagung. Es würde zu weit
führen, alle Beispiele anzuführen.

Zur Erklärung: Die Skrofulose ist eine heute nur noch
selten anzutreffende Form der Tuberkulose. Seit dem
11. Jahrhundert war es in Frankreich üblich, daß der
König unmittelbar nach seiner Krönung den Kranken
die Hände auflegte, wobei es nicht selten zu Spontan-
heilungen kam. In diesem »Wunder« erblickten Volk
und Fürsten die Bestätigung dafür, daß der König
tatsächlich der rechtmäßige, von Gott erwählte Herrscher ist. Der Brauch hielt sich in Frankreich bis ins
Jahr 1825. In England und in anderen Ländern gab es
ganz ähnliche Bräuche.

Auch jene werden nicht widerstehen können, für die die Nieder-
tracht des bösen Geistes durch die ganze Geschichte hindurch
unverständlich bleiben wird. Nach meinem Tod wird meine
Schrift mehr gelten als zu meinen Lebzeiten – selbst dann, wenn
mir bei meinen Berechnungen der Jahrhunderte Fehler unterlau-
fen sein sollten oder wenn die Voraussagen nicht dem entspre-
chen werden, was jeder gerne hören möchte.

Es wird Euerer mehr als kaiserlichen Majestät gefallen, mir zu
vergeben. Ich bekenne vor Gott und den Heiligen, daß ich nicht
die Absicht habe, in diesem Brief etwas zu tun, was gegen den
wahren katholischen Glauben wäre, wenn ich die astronomischen
Berechnungen meinem Wissen beifüge.

Nun folgt zunächst ein Rückblick. Zur Zeit des Nostradamus galt noch jedes Wort und jede Zeitangabe in der Bibel als unumstößliche Wahrheit. Aufgrund dieser sicherlich falschen Zahlen hat Nostradamus eine Rechnung aufgestellt, nach der die Welt vor Christi Geburt 4757 Jahre bestanden hat.

Eine ähnliche Rechnung taucht in diesem Vorwort noch einmal auf, jedoch mit abweichendem Ergebnis. Er kommt bei der zweiten Rechnung auf etwa 4173 Jahre. Das zeigt, daß die Zahlen in der Bibel ganz offensichtlich mit den astrologischen Berechnungen des Nostradamus nicht so recht übereinstimmen wollten. Der Seher wagte jedoch nicht, die Richtigkeit der biblischen Zahlen anzuzweifeln. Vermutlich stammen die beiden Berechnungen auch aus zwei ursprünglich verschiedenen Vorwort-Entwürfen, die die Söhne des Nostradamus bei der ersten Druckausgabe zusammenwarfen:

Die Zeiträume seit unseren ersten Vorfahren, die uns vorangegangen sind, sehen nämlich so aus – in diesem Fall unterwerfe ich mich der Korrektur des heiligsten Gerichtshofes:

Der erste Mensch Adam lebte etwa 1242 Jahre vor Noah.

Ich berechne diese Zeiten nicht nach den Formeln der Heiden, wie sie etwa Varro* niedergeschrieben hat, sondern allein nach den Heiligen Schriften und nach astronomischen Kalkulationen, soweit sie mein schwacher Geist bewältigen konnte.

Ungefähr 1080 nach Noah und der weltweiten Sintflut kam Abraham. Er selbst war ein überragender Astrologe. Er begründete die chaldäischen Wissenschaften.

Etwa 515 oder 516 Jahre später wurde Moses geboren. Zwischen der Zeit des David und des Moses sind etwa 570 Jahre vergangen.

---

* Varro Reatinus – römischer Geschichtsschreiber

Schließlich verflossen zwischen David und den Tagen des Retters und Erlösers Jesus Christus, geboren aus der einzigartigen Jungfrau, nach einigen Geschichtsforschern, nur 1350 Jahre. Man wird einwenden, einiges in diesen Berechnungen könne nicht stimmen, weil sie von der Darstellung des Eusebius * abweichen.

Doch weiter: Von der Zeit der menschlichen Erlösung bis zum abscheulichen Aufruhr der Sarazenen vergingen 621 Jahre.

VERHÜLLT — ABER NICHT ZWEIDEUTIG

Seit diesen Ereignissen kann man schließlich leicht zusammenzählen, wieviel Jahre vergangen sind, ob meine Berechnungen für alle Nationen gültig und etwas wert sind. Alles ist berechnet nach dem Lauf der Sterne, nach der Zusammenfassung der gefühlsmäßigen Eingebungen, die aus verschiedenen Heilmethoden übrig-geblieben sind, und nach den Fähigkeiten meiner Ahnen.

Aber die rauhe Zeit, durchlauchtigster König, macht es nötig, solche Ereignisse bestenfalls in rätselhafter Sprache zu offenbaren. Es ergibt sich trotzdem nur ein Sinn und eine einzige Aussage, ohne daß zur Berechnung etwas Zweideutiges, Doppelsinniges hinzugefügt wäre.

Mehr oder weniger in vernebelter Dunkelheit, wie das nun mal bei natürlichen Eingebungen so ist, nähern sich die Prophezeiungen doch dem Spruch von einem der 1002 Propheten, die seit der Erschaffung der Welt nach der phönizischen Chronik des Joel existieren: »Ich will meinen Geist ausgießen über alles Fleisch, und euere Söhne und Töchter werden prophezeien.« Solche Weissagungen gehen aus dem Mund des Heiligen Geistes hervor, der die ewige, unumschränkte Macht verkörpert. Verbunden mit dem Himmlischen, haben viele Menschen große und wunderbare Ereignisse vorhergesagt.

* Eusebius von Cäsarea war der erste Kirchenhistoriker

Ich für meinen Teil maße mir diesen Titel nicht an. Das könnte Gott mißfallen. Ich bekenne aber, daß alles von Gott kommt. Ihm gebührt Dank, Ergebenheit, Ehre und Lobpreis in alle Ewigkeit.

Ich selbst habe nichts von der Wahrsagerei dazugebracht, die vom festgelegten Schicksal ausgeht. Vielmehr kommt die Natur von Gott. Fast alles wird begleitet von der Bewegung der himmlischen Bahnen – und zwar so, daß man wie in einem Brennspiegel, wie in einer nebelhaften Vision die großen, traurigen, ungeheueren und grauenhaften Ereignisse sehen kann, die durch die Führer der Zivilisation hereinbrechen.

FRANKREICH – DIE »UNFRUCHTBARE DAME«

Nach diesen Erklärungen und Rechtfertigungen folgt eine grandiose, aber ebenso schwer verständliche Zukunftsschau: Zerfall der christlichen Religion, Zerfall – Nostradamus verwendet das Wort Dekadenz – der Haltung, der Natur, der menschlichen Persönlichkeit überhaupt.

Die »unfruchtbare Dame« wird fast durchweg von allen Nostradamus-Deutern als Bild des französischen Staates verstanden. Aber auch dann müssen Deutungen unsicher bleiben – allein deshalb, weil Nostradamus, manchmal in einem einzigen Satz, zwischen den Jahrhunderten hin- und herspringt. Der »zweite Sohn« ist wohl Napoleon, der Rom und Spanien eroberte, Kaiser wird, aber niemals rechtmäßiger französischer König:

Zuerst über die Kirchen Gottes. Dann nähert sich durch jene, die irdische Macht verkörpern, solcher Verfall, verbunden mit tausend anderen schlimmen Ereignissen, daß jeder erkennen kann, wohin das läuft.

Denn Gott wird die lange Unfruchtbarkeit der großen Dame sehen. Sie wird daraufhin zwei fürstliche Kinder empfangen. Aber sie gerät in Gefahr. Jene, die ihr beigegeben wird der Unbesonnenheit ihres Alters wegen, gerät im 18. Lebensjahr in Todesgefahr. Sie kann nicht älter werden als 36, um dann drei männliche und ein weibliches Kind zu hinterlassen. Und es wird auch jene zwei Kinder vom selben Vater bekommen, die niemals empfangen hatte.

Zwischen den drei Brüdern werden große Differenzen entstehen, doch dann halten sie zusammen und sind dann so sehr ein Herz und eine Seele, daß drei und vier Teile Europas zittern werden. Durch den Jüngsten wird die christliche Monarchie aufrechterhalten und vergrößert. Sekten werden aufleben und rasch niedergeworfen. Die Araber werden vertrieben, Königreiche vereinigt, neue Gesetze feierlich bekanntgemacht.

Von den anderen Kindern wird der erste die feurigen gekrönten Löwen in Besitz nehmen, die furchtlos ihren Schmuck über ihre Waffen halten. Der zweite stürzt, begleitet von den Lateinern, so voran, daß der zweite Zug den Berg Jupiters erzittern läßt und zum Rasen bringt. Er wird heruntersteigen, um die Pyrenäen zu erklimmen. Ihm wird die alte Monarchie nicht mehr anvertraut.

DER DRITTE WELTKRIEG WIRD KOMMEN

Am folgenden Satz ist kaum etwas herumzudeuteln: Die dritte Überschwemmung der Welt mit Menschenblut bleibt nicht aus. Sie steht, so deutet es der Prophet an, in direktem Zusammenhang mit den Parteienbildungen in Deutschland, Italien und Spanien: ein eindeutiger Hinweis auf den Faschismus und seine Folgen.

Und schon eilt der Seher wieder weit voraus und sieht die Einflüsse neuer Religionen, wir dürfen hier vielleicht auch übersetzen: neuer Ideologien:

Es wird die dritte Überschwemmung mit Menschenblut ausgelöst. Mars wird nicht lange Enthaltsamkeit üben. Es wird die Tochter zur Erhaltung der christlichen Kirche geopfert werden, die ihre sinkende Macht an heidnische Sekten einer neuen Ungläubigkeit abtreten muß. Sie wird zwei Kinder haben, eines gläubig, das andere ungläubig. Sie sollen die Kirche wieder

54

festigen. Das zweite, das sehr verwirrt ist und erst spät bereut, will sie vernichten.

Es werden sich drei Regionen mit äußerst unterschiedlichen Fronten finden. Das gilt es zu beachten: Es sind die Römer, die Germanen und die Spanier.

Sie bilden verschiedene Parteien, hauptsächlich militärischer Art, ausgehend vom 50. und 52. Breitengrad. Die ganze Menschheit wird sich Religionen zuwenden, die weit abgerückt vom Glauben Europas sind. Im Norden, beim 48. Breitengrad, wird man zuerst anfangen, in arger Zaghaftigkeit zu zittern. Schließlich wird der ganze Westen, der Mittelmeerraum und der Orient zittern. So groß wird die Macht des neuen Glaubens sein, daß das, was diese Mächte sich durch Bündnisse und Paktverträge schaffen, unerträglich wird. Von der Natur her werden sie gleich sein, aber stark verschieden im Glauben.

Danach wird die unfruchtbare Dame sehr viel mächtiger sein als die zweite. Und sie wird von zwei Völkern aufgenommen. Vom ersten, das geschockt war durch einen Diktator. Vom zweiten und von einem dritten, das seine Kräfte nach dem Osten Europas bis zu den Pannoniern ausdehnen und diese niederwerfen und unterjochen wird. Mit einem Angriff über das Meer wird es sich bis Sizilien, Griechenland und Deutschland ausdehnen und alles unterwerfen. Die internationale barbarische Partei wird hart bedrängt und davongejagt werden.

DIE GEFAHR KOMMT AUS SÜDOSTASIEN

Der »Antichrist«, das ist ein Begriff, der mehrfach von Nostradamus verwendet wird für Machthaber, die gegen die christliche Kirche angehen, kommt von der Grenze der Türkei. Arda ist ein Fluß, der von Bulgarien zur europäischen Türkei fließt. Zersas ist wohl ein Anagramm, der Name eine Herrschers, den man durch Umstellung der Buchstaben finden kann. Der 45. Breitengrad zieht sich von Bordeaux über Turin zur russisch-

rumänischen Grenze. Die »Herabkunft des Heiligen Geistes« bedeutet hier wohl das Strafgericht Gottes, das auf
die Menschheit herabkommt. Der »Königliche« ist ein
Machthaber, der weltliche und geistliche Macht in einer
Person vereinigt, der große »Chiren«:

*Dann wächst das große Weltreich des Antichristen in Arda
heran. Zersas bricht mit einem riesigen, unübersehbaren Heer
heran. Das wird so schlimm, daß die Ankunft des Heiligen
Geistes, die am 24. Breitengrad stattfindet, eine allgemeine
Flucht auslöst. Man flieht vor den Greueln des Antichristen. Er
führt Krieg gegen den Königlichen, der zum großen Stellvertreter Christi wird, und gegen die Kirche. Er herrscht in einer Zeit,
die für ihn günstig ist.*

DIE »KOSMISCHE REVOLUTION«

Jetzt wechselt Nostradamus über zu den Ereignissen im
Kosmos, die auf uns zukommen sollen. Was im Vorwort
an den Sohn Cäsar noch dunkel angedeutet war, wird
sehr viel deutlicher ausgesprochen: Zuerst gibt es eine
Sonnenfinsternis, bei der es sich ganz offensichtlich nicht
um eine normale Verdeckung der Sonnenscheibe durch
den Mond handeln kann. Es muß etwas viel Gewaltigeres
eintreten. Dann wird man den Eindruck haben, die Erde
wäre aus ihrer bisherigen Bahn hinausgeschleudert worden: Polverlagerung, Störungen im Spiel der kosmischen
Kräfte. Das alles wird aber wieder angekündigt durch
Naturkatastrophen, durch Krieg, vor allem aber durch ein
Hochkommen arabischer Kräfte, die 73 Jahre lang die
Politik auf der Erde kontrollieren werden:

*Zuvor aber gibt es eine Sonnenfinsternis. Es wird die dunkel-
ste und finsterste sein seit der Erschaffung der Welt bis zum
Sterben und Leiden Jesu Christi und von da bis zum heutigen
Tag.*

Im Monat Oktober treten einige große Verschiebungen ein. Sie sind so gravierend, daß man glauben wird, die Schwerkraft der Erde hätte ihre natürliche Bewegung verloren, und die Erde wäre hinausgeschleudert in ewige Finsternis.

Vorausgehen im Januar/Februar und nachfolgen werden dem extreme Veränderungen, nämlich Umgestaltungen der Länder – und zwar einmal durch ein großes Erdbeben, zum anderen durch das Überhandnehmen des neuen Babylons, der miserablen Tochter, groß geworden durch die Greuel des ersten Holocaustes.

Sie kann sich nicht länger als 73 Jahre und 7 Monate halten. Danach sprießt aus dem Stamm jener, die so lange Zeit unfruchtbar geblieben war, jener hervor, geboren am 50. Breitengrad – der die ganze christliche Kirche erneuern wird. Es kommt zum großen Frieden, zur Einigkeit und Eintracht zwischen den Menschen, die durch Grenzen verwirrt und getrennt waren. Dieser Friede wird von verschiedenen Regierungen so gefestigt, daß die treibenden Kräfte kriegerischer Spaltung aufgrund verschiedener Weltanschauungen im tiefsten Abgrund angekettet bleiben. Das Reich des Tollwütigen, der den Weisen spielte, wird geeinigt.

RUSSLAND WIRD SICH BEKEHREN – VOM KOMMUNISMUS ABWENDEN

Die folgenden Sätze stecken – typisch Nostradamus – voller Ironie: Die Wegbereiter des Kommunismus haben den Menschen versprochen, sie würden endlich befreit vom niederdrückenden, beengenden »Aberglauben«, vom Gift der Religion, die, um die Menschen folgsam und anspruchslos und klein zu halten, etwas erfunden hätte, was es überhaupt nicht gibt: die Glückseligkeit im Jenseits. Durch die Befreiung von solchen Illusionen erst würde es möglich, die Erde menschlich und wohnlich einzurichten.

Diese versprochene Freiheit, so meint der Seher, wird sich als trügerisch erweisen. Die Menschen werden sich abwenden. Nostradamus verwendet in diesem Zusammenhang zwei Begriffe, die es zu seiner Zeit noch längst nicht gegeben hat: links und rechts, linke Partei und rechte Seite.

Und damit jeder Zweifel ausgeschlossen bleibt, skizziert er die Weiten Rußlands durch die Aufzählung von Gemeinden, Städten, Gegenden und Provinzen.

Und schließlich noch ein Hinweis: die lange Zeit unterdrückte, beseitigte »Heiligkeit« – damit kann nur der Patriarch von Moskau gemeint sein, der in gleicher Weise wie der Papst in Rom und der Bischof von Konstantinopel den Titel »Heiligkeit« trägt:

Und die feindlichen Dörfer, Städte, Gegenden und Provinzen, die die ersten Wege verlassen haben, um sich zu befreien, die sich dabei aber nur noch schlimmer gefangensetzten, werden insgeheim ihre Freiheit fallen-lassen. Nach dem völligen Verlust der Religion fangen sie an, sich loszuschlagen von der linken Partei, um zur rechten zurückzukehren. Die lange Zeit unterdrückte Heiligkeit wird in ihre früheren Rechte wiedereingesetzt.

DIE KIRCHE ÜBERSIEHT DIE ARMEN

Der Blick des Propheten schweift nun weit ins 21. Jahrhundert hinein. Er sieht erneute Wirren – und nennt einen der Hauptgründe, die im Laufe der Geschichte immer wieder Anlaß zu Aufruhr und Unzufriedenheit geben soll: Die Kirche verbündet sich allzu leicht mit den Machthabern. Auch dann, wenn sie kaum mehr etwas zu sagen hat, wenn ihr weltliche und geistige Macht genommen sind, so daß sie nicht viel mehr ist als eine geduldete »moralische Anstalt«, vom Staat geduldet, die Massen zu gängeln, schafft sie es nicht, sich der Armen und Entrechteten anzunehmen. Einer wird schließlich Ordnung schaf-

fen – aber nicht mit Güte und Recht, sondern mit martiali-
schen Mitteln, mit Waffengewalt:

*Danach wird der große Hund auftauchen, besser gesagt der
noch größere Köter, der überall Vernichtung anrichtet, selbst
dort, wo sie früher schon begangen wurden. Man baut die
Kirchen wieder auf wie in früheren Zeiten. Der Klerus wird in
seinen früheren Stand zurückversetzt. Doch er fängt bald an,
wieder herumzubuhlen, in Luxus zu schwelgen und tausend
Sünden zu begehen. Damit bahnt sich bereits das nächste Elend
an. Dann nämlich, wenn die höchste und erhabenste Würde
erreicht ist, rüsten sich Machthaber und militärische Einheiten.
Der Kirche werden die beiden Schwerter weggenommen. Ihr
bleiben nur äußerliche Zeichen. Durch sie und mit einer attrakti-
ven Verbeugung soll das Volk auf den rechten Weg gebracht
werden.*

*Da sie sich aber nicht zu jenen herablassen will, die am
entgegengesetzten Ende mit magerer Hand die Erde berühren,
sorgt sie für Aufruhr bis zu jenem Zeitpunkt, zu dem aus einem
lange Zeit unfruchtbaren Zweig einer geboren wird, der die
Menschheit wohltätig und bereitwillig von dieser Knechtschaft
befreit. Er wird sich unter den Schutz des Mars begeben und
Jupiter aller Ehren und Würden berauben, alles im Interesse der
freien Stadt, die in einem anderen kleinen Land Mesopotamien
gegründet wurde.*

Wieder ein höchst interessanter Hinweis: Der »Chef und
Statthalter«, das kann eigentlich nur der Papst sein, denn
so ist zur Zeit des Nostradamus nur das Oberhaupt der
katholischen Kirche bezeichnet worden. Er wird, so
könnte man den Satz verstehen, auf eine Weltraumstation
entführt. Er muß ein schlimmer Tyrann sein, denn Thrasybulos war ein Grieche, der seine Vaterstadt Athen von
der Tyrannei befreite.

Der Chef und Statthalter wird aus der Mitte herausgerissen und an einen Ort im Luftraum gebracht. Er ahnte nichts von der Konspiration der Verschwörer mit dem zweiten Thrasybulos, der das alles von langer Hand vorbereitet hatte.

Dann wird deutlich, wie schmutzig und niederträchtig die Greuel sind. Sie entstehen offenbar im Dunkel der verdunkelten Sonne. Das wird aufhören gegen Ende seiner Regierungszeit. Die Chefs der Kirche bleiben hinter der Liebe Gottes zurück. Mehrere von ihnen fallen vom rechten Glauben ab.

Es ist weiterhin die Rede von Entwicklungen auf dem Gebiet des Glaubens. Nostradamus spricht von drei Sekten, die in Europa mehr und mehr heimisch werden und ganz Afrika überschwemmen. Er warnt damit vor dem Einfluß asiatischer Religionen. Schon vor 400 Jahren wußte er, warum sich vor allem junge Leute von der christlichen Kirche abwenden und aus der westlichen Gesellschaftsordnung »aussteigen«: die Armen im Geiste, das sind die Menschen, die es satt haben, nur dem Geld nachzujagen und nur an Lebensstandard und Leistung zu denken. Sie suchen das einfache Leben und versuchen, auf Besitz zu verzichten. Sie wenden sich einer neuentdeckten Entfaltung seelischer Kräfte zu, wie das von Gurus gelehrt wird.

Das führt aber letztlich – und wir spüren schon heute einiges davon – zur Entmachtung der etablierten Regierungen, die vor allem die durch Energieknappheit verursachten wirtschaftlichen Schwierigkeiten nicht mehr meistern können.

Und dann kommen Gog und Magog, zwei besonders böse Verderber, die schon in den Prophezeiungen des Johannes in der Apokalypse (Kapitel 20) erwähnt werden:

Von drei Sekten gerät die mittlere durch die Priester selbst ein
wenig in Verfall. Die erste wird in ganz Europa heimisch. Der
größere Teil Afrikas wird von der dritten ausgerottet, mit Hilfe
der Armen im Geiste, die sich der anderen Seite zuwenden, weil
die Sinnlosigkeit gewachsen ist und wegen der lüsternen Hem-
mungslosigkeit.

Das Volk erhebt sich und vertreibt die Anhänger der Gesetzge-
ber auf Dauer. Es sieht so aus, als wären die Regierungen durch
die Orientalen geschwächt, als hätte Gott der Schöpfer den Satan
aus seinem höllischen Gefängnis befreit, um den großen Gog und
Magog zur Welt kommen zu lassen. Diese sorgen für eine so
scheuß-
liche Spaltung der Kirchen, daß weder die Roten noch die blinden
und handlungsunfähigen Weißen mehr wissen, was eigentlich
los ist. Ihnen wird ihre Macht entrissen. Danach setzt eine
Verfolgung der Kirche ein, wie sie bisher nicht da war.

DER ATOMKRIEG UND SEINE BÖSEN FOLGEN

Was folgt, ist die Schilderung eines Atomkrieges. Die
»große Seuche«, die so ziemlich die ganze Welt umfaßt
und die Menschheit dezimiert, wird sofort erklärt: Wer
versuchen sollte, in die entvölkerten, verödeten Städte
zurückzukehren, in denen kniehoch das Gras wächst,
wird vom Zorn Gottes gepackt.

Inzwischen entsteht eine so große Seuche, daß von drei Teilen
der Welt mehr als zwei dahinsiechen. Das wird so schlimm, daß
man nicht mehr erkennen kann, was zu den Feldern und was zu
den Häusern gehört. In den Straßen der Städte wächst das Gras
mehr als kniehoch. Über den Klerus bricht die totale Verzweif-
lung herein. Die Soldaten terrorisieren, was von der Sonnen-
stadt (Paris), von Malta und von den Hyèren-Inseln zurückge-
kehrt ist. Die große Kette vor dem Hafen wird geöffnet, der seine
Überlegenheit einem See-Stier verdankt.

Es kommt zu einer Invasion an den Küsten, mit denen das zuvor von Mohammedanern eingenommene Kastulum befreit werden soll. Nicht alle Angriffe sind vergeblich. Der Ort, der einstens der Wohnsitz Abrahams war, wird erstürmt von Anhängern der Jovialisten. Und jene Stadt Achem wird eingeschlossen und von allen Seiten von einer dreifachen Übermacht bewaffneter Truppen bestürmt. Ihre Seestreitkräfte werden von den abendländischen Verbänden geschwächt.

Über das Reich kommt eine riesige Verwüstung. Die großen Städte sind entvölkert. Wer versucht, sie zu betreten, wird vom Zorn Gottes gepackt.

Das Grab der großen Verehrung wird für lange Zeit frei unter dem unbegrenzten Blick der Augen des Himmels, Sonne und Mond, liegen. Und der heilige Ort wird verwandelt in Ställe für Schlacht- und Großvieh und zu weltlichen Dingen verwendet. Oh, welche fürchterlichen Anfechtungen gibt es für schwangere Frauen!

Der größte Teil der Truppen des Chefs aus dem Orient wird davongejagt. Die Kinder des orientalischen Herrschers, die er von mehreren Frauen hat, werden eingesperrt. Damit wird sich die Weissagung des königlichen Propheten erfüllen: »So kann er die Klagen der Konkurrenten hören und befreien die Söhne der Mörder.«

Was für ein großer Druck lastet auf den Fürsten, Statthaltern des Königreichs, selbst auf jenen, die im Meer leben, und auf dem Orientalen! Ihre Sprachen sind durch die große Gesellschaft zu einem Gemisch aus Italienisch und Arabisch geworden.

Die Punier (Nordafrikaner) haben dafür gesorgt. Seine Regierungen werden davongejagt und ausgerottet – nicht zuletzt von den Streitkräften des Herrschers von Aquilon.

Wenn Nostradamus von Aquilon spricht, meint er stets ein Land, das in seinem Wappen einen Adler führt, in erster Linie Deutschland, Österreich und Rußland. Das sind wohl auch die drei, die schon, nach Meinung des

Propheten, im 17. Jahrhundert anfangen, sich gegenseitig zu befehden und die später die Orientalen besiegen:

Noch in der Nähe unseres Jahrhunderts sucht einer von dreien heimlich den Tod und Verlust und Hinterhalt für den anderen. Die Erneuerung des Triumvirates nimmt sieben Jahre in Anspruch. In dieser Zeit verbreitet sich der Ruf dieser Partei über die ganze Welt. Das Opfer der heiligen und unbefleckten Eucharistiefeier wird verteidigt. Zwei Persönlichkeiten aus Aquilon siegen dann über die Orientalen. Dabei entsteht so großer Lärm und Kriegsgeschrei, daß der ganze Orient erzittert vor jenen Brüdern, die aber keine Brüder des Aquiloniers sind.

Deshalb, Sire, habe ich mit dieser Darlegung beinahe Verwirrung in die Vorhersagen gebracht, habe ich verschwiegen, wann das geschehen könnte und wann jene auftauchen, weil die nachfolgenden Zeiten sehr dunkel sein werden, so daß sich nichts mehr oder nur noch sehr wenig mit der Obrigkeit in Übereinstimmung befindet. Auf astronomischem Weg und auf andere Weise, selbst mit Hilfe der Bibel, der Heiligen Schrift, die niemals irren kann, hätte ich, wenn ich nur gewollt hätte, für jeden Vierzeiler die Zeit erhellen können. Aber für die Allgemeinheit wäre es nicht vorteilhaft. Noch weniger sollte sich an die Interpretation heranmachen, wer von Euerer Majestät, Sire, nicht dazu ermächtigt ist, damit Verleumder keine Gelegenheit finden, über mich herzufallen.

An dieser Stelle folgt die zweite Berechnung der Weltgeschichte seit Adam und Eva, die bereits angedeutet
wurde:

*Auf jeden Fall komme ich bei der Zählung der Jahre seit der
Erschaffung der Welt bis zur Geburt Noahs auf 106 Jahre. Von
der Geburt Noahs bis zur Fertigstellung der Arche im Augenblick, da die weltweite Überschwemmung bevorstand, vergingen
600 Jahre. Ob damit Sonnenjahre oder Mondjahre oder eine
Zehnermischung gemeint sind? Ich halte mich an das, woran sich
die Heilige Schrift hält, an Sonnenjahre. Am Ende jener sechs
Jahre stieg Noah in die Arche, um vor der Sintflut gerettet zu
werden. Jene Überschwemmung war über die ganze Erde ausge-
dehnt. Sie dauerte ein Jahr und zwei Monate. Vom Ende der
Sintflut bis zur Geburt Abrahams vergingen 295 Jahre, von der
Geburt Abrahams bis zur Geburt Isaacs 100 Jahre, von Isaac bis
zu Jakob 60 Jahre.*

*Von der Stunde, da er nach Ägypten ging, bis zum Auszug
vergingen 130 Jahre. Und seit Jakobs Betreten des Landes
Ägypten bis zum Auszug von dort verstrichen 430 Jahre. Und
seit dem Auszug aus Ägypten bis zur Errichtung des Tempels
durch Salomon im vierten Jahr seiner Regentschaft vergingen
480 Jahre. Und seit dem Tempelbau bis zu Jesus Christus
vergingen nach den Berechnungen der Autoren der Heiligen
Schrift 490 Jahre. Und ebenfalls nach dieser meiner Berechnung,
zusammengestellt nach der Heiligen Schrift, ergeben sich mehr
oder weniger ungefähr 4173 Jahre und acht Monate.*

*Nun überspringe ich die Zeit von Jesus Christus bis heute, dem
Augenblick der Kirchenspaltung. Ich habe die vorliegenden
Prophezeiungen berechnet und überprüft, allesamt nach der
Gesetzmäßigkeit der Serie, die ihre Umkehrungen markiert, das
Ganze auch nach astronomischen Lehrsätzen und gemäß meiner
natürlichen Begabung.*

Die folgenden astrologischen Angaben sind berechnet
worden für 1606 – ein Jahr, in dem wirklich nichts Aufre-
gendes – wie von Nostradamus angekündigt – passierte,
das in den Geschichtsbüchern hätte verzeichnet werden
müssen. Und doch soll bereits zu diesem Zeitpunkt der
erste Schritt zur Französischen Revolution getan worden
sein. Nostradamus denkt wohl an philosophische Stimmen, die bereits zu jener Zeit laut wurden, etwa die des
Franzosen Descartes, um eine neue Zeit, neue Ideale zu
verkünden.

Das Datum 1792 scheint auf den ersten Blick ebenfalls
unbedeutend – und doch ist es ein weiterer und sehr
deutlicher Beweis für die hellseherischen Qualitäten des
Nostradamus. Dieses Datum konnte er weder zufällig
getroffen noch aufgrund vernünftiger Überlegungen
errechnet haben: Im September 1792 wurde Frankreich
zur Republik erklärt und dieser Augenblick zum Anlaß
genommen, eine neue Zeitrechnung, einen neuen Kalender einzuführen. Die Herren der Revolution bestimmten –
was bald darauf wieder aufgehoben wurde –: 1792 ist das
Jahr 1 der neuen Zeit. Nostradamus hat es vorausgesehen.

In absehbarer Zeit wird sich folgende Konstellation finden:
Saturn wird vom 7. April bis zum 15. August rückläufig,
Jupiter vom 14. Juni bis zum 7. Oktober, Mars vom 17. April
bis zum 22. Juni, Venus vom 9. April bis zum 22. Mai, Merkur
vom 3. Februar bis zum 24. und später vom 1. Juni bis zum 24.
und vom 25. September bis zum 16. Oktober. Saturn befindet
sich im Sternkreiszeichen Wassermann, Mars im Skorpion,
Venus in den Fischen, Merkur einen Monat lang im Skorpion,
im Wassermann und in den Fischen, der Mond im Wassermann,
der Kopf des Drachens in der Waage, der Schwanz im entgegen-
gesetzten Sternkreiszeichen. Es folgt eine Konjunktion zwischen
Jupiter und Merkur, mit einem Quadrataspekt von Mars und

Merkur. Und der Kopf des Drachens bildet eine Konjunktion mit
der Sonne und Jupiter. Das Jahr wird ruhig und ohne Sonnen-
oder Mondfinsternis. Es ereignet sich nichts von Belang. Und
doch wird es zum Anfang dessen, was lange andauern soll. Es
beginnt nämlich in jenem Jahr die größte Verfolgung der christli-
chen Kirche, wie sie nicht einmal in Afrika stattgefunden hat. Sie
wird andauern bis in das Jahr 1792, in dem man glaubt, eine
Reform der Zeitrechnung vornehmen zu müssen.

ITALIEN WIRD ZUM NATIONALSTAAT

Fortan springt Nostradamus noch heftiger und plötzlicher
als bisher in den Zeiten hin und her. Später wird erklärt
werden, warum er das tut. In einem Satz spricht er von
Hitler. Der »Wahnsinnige« ist ein Titel, den er ihm vorbe-
halten hat. Bald vergleicht er die Ereignisse des Zweiten
Weltkrieges mit denen, die Napoleon ausgelöst hat. Vieles aber, das sei nicht verschwiegen, bleibt in Dunkelheit
verhüllt. Es dürfte noch viel Forschungsarbeit nötig werden, das alles zu verstehen.

Danach beginnt das römische Volk sich aufzurichten und
einige dunkle Schatten zu verscheuchen. Es bekommt ein wenig
von seinem früheren Glanz zurück, allerdings nicht ohne große
Spaltungen und anhaltende Veränderungen. Venedig besitzt
daraufhin große Macht und Herrschaft. Es hebt seine Flügel sehr
hoch, ohne sich um die Machtfülle des alten Rom zu kümmern.
Zu jener Zeit gibt es große byzantinische Segel. Sie haben sich,
mit aquitanischer Unterstützung, mit den Ligurern verbündet.
Es gibt Behinderungen, weil ihnen zwei Kreter die Treue nicht
halten.

Die Triumphbogen, von den alten Marsanhängern errichtet,
werden zu den Wogen Neptuns begleitet. In der Adria entsteht
große Zwietracht. Was vereinigt wird, zerbricht bald wieder. Ein
Haus bleibt übrig, wo vorher eine große Stadt gewesen ist. Der

Pempetan begreift. Das Mesopotamien Europas hat 45, andere 41, 42 und 37.

In dieser Zeit und in jenen Gegenden schleudert das Teuflische die Macht der Gegner ihrer Gesetze gegen die Kirche. Der zweite Antichrist verfolgt die Kirche und ihren wahren Stellvertreter mit Hilfe der weltlichen Herrscher, die in ihrer Unwissenheit verführt werden – von Zungen, die mehr zerschneiden, als jedes Schwert in den Händen des Wahnsinnigen. Die erwähnte Herrschaft des Antichristen wird bis zum Ende dessen dauern, der zur Jahrhundertwende geboren wurde. Unter anderem besitzt er die Stadt des Plancus (Lyon) und wird unterstützt von den Erwählten von Modena und Bologna, von Ferrara, das die Küsten Liguriens und der Adria und die Umgebung von Sizilien verwaltet.

Dann wird er am Berg Jupiters vorbeiziehen. Der gallische Ogmium, begleitet von einer riesigen Zahl, aus allen Himmelsrichtungen zusammengezogen, stellt das Kaiserreich vor, dem er seine großen Gesetze gegeben hat. Von da an wird einige Zeit später das Blut der Unschuldigen durch die Übeltäter wahllos vergossen. Sie bringen sich damit ein wenig in die Höhe. Danach erfährt die Rechnung der Dinge, die mit solchen Instrumenten aufgestellt wird, durch große Fluten zahllose Verluste. Selbst die Briefe, die nach dem Willen Gottes gegen die Aquilonier gerichtet sind.

Satan wird noch einmal gebunden. Unter den Menschen gibt es weltweit Frieden. Die Kirche Jesu Christi wird von aller Trübsal befreit, so sehr sich auch die Azostanier bemühen, mit ihren pestartigen Verführungskünsten Galle in den Honig zu mischen. Das wird um das siebte Jahrtausend geschehen. Das Allerheiligste Jesu Christi wird nicht mehr mit Füßen getreten von den Ungläubigen, die aus Aquilon kommen.

Der Welt stehen einige große Brandkatastrophen bevor. So schlimm das auch sein mag: der Lauf der Zeit geht den Berechnungen meiner Prophezeiungen zufolge sehr viel weiter. Im Brief, den ich vor einigen Jahren meinem Sohn Cäsar Nostradamus gewidmet habe, habe ich ziemlich offen keinen einzigen

*Punkt ohne Vorhersage gelassen. Hier aber, Sire, sind mehrere
große und wunderbare Ereignisse zusammengefaßt, die unsere
Nachkommen erleben werden.*

VON STALIN BIS ZUM JÜNGSTEN TAG

Den Schluß des Vorwortes bildet eine Zusammenfassung
der Dinge, auf die es Nostradamus eigentlich ankommt.
Hier demonstriert er, wie er seine Prophezeiungen verstanden haben möchte: Die Geschichte der Menschheit
entwickelt sich aus Angelpunkten. Ein wichtiges Ereignis
geht aus einem anderen hervor.

Zunächst werden zwei zeitlich voneinander getrennte
Ereignisse in einem Atemzug genannt, weil sie innerlich
ganz eng miteinander zusammenhängen und aus dersel-
ben Wurzel stammen: die Verfolgung der christlichen
Kirchen im Ostblock nach dem Zweiten Weltkrieg – und
die künftigen Kirchenverfolgungen durch die »Roten« in
Verbindung mit dem Islam. Der Ausgangspunkt ist ein
Adlerland, Aquilonien. Elf Jahre lang, von 1945 bis 1956,
machten die Christen in allen Ostblockländern schwere
Zeiten durch. Kirchen und Klöster wurden geschlossen.
Die Geistlichen kamen ins Gefängnis und nach Sibirien
und mußten weltliche Berufe ausüben. Für jene schwere
Bedrängnis steht der Name des ungarischen Bischofs
Kardinal Mindszenty. 1949 brach er unter dem Druck des
psychischen Terrors und der Gehirnwäsche der kommu-
nistischen Henker zusammen.

Entgegen seiner sonstigen Gewohnheit zeigt hier
Nostradamus eine gewisse Unsicherheit: »Elf Jahre...
vielleicht auch etwas weniger...«, sagt er, um dann den
eigentlichen Wendepunkt der Geschichte, den Sturz des
»führenden Machthabers« der Adlerländer, zu nennen.
Das ist ein Hinweis auf Stalin. Von ihm sind die Kirchenverfolgungen ausgegangen. Mit seinem Tod im März 1953

war das Schlimmste überstanden, doch der Stalinismus lebte noch bis 1956 weiter. Der Seher hat also auch diese Situation treffend beschrieben. Doch dann springt er zum schlimmeren Ereignis, das daraus erwächst: Jene »Verbündeten im Süden«, die Hand in Hand mit arabischen Kräften arbeiten, sind kommunistische Kräfte, Gruppen, die Stalins Ideologie weiterentwickelt haben.

Stalins Nachfolger in Italien wird eine »apostolische Verfolgung« führen, das bedeutet, er wird eine neue Religion gründen und die Anhänger des Christentums zum neuen Glauben zwingen. Das wird später ausführlich erläutert:

Aus meinen ganzen astrologischen Berechnungen, verglichen mit der Heiligen Schrift, geht hervor, daß die Verfolgung der Gläubigen ihren Ursprung in der Macht der aquilonischen Könige hat, die mit dem Orientalen verbündet sind. Und diese Verfolgung wird elf Jahre dauern, vielleicht auch etwas weniger, weil dann der erste aquilonische Machthaber hinfällig wird. Wenn dessen Jahre vollendet sind, wird sein südlicher Verbündeter übernehmen. Er verfolgt die Christen drei Jahre lang noch schlimmer – in einer apostolischen Verführung eines Mannes, der die ganze absolute Macht einer militanten Kirche inne hat. Das heilige Volk Gottes, jeder, der sein Gesetz beobachtet, die ganze Ordnung des Glaubens wird schwer verfolgt und heimgesucht, so daß das Blut der wahren Frommen überall schwimmen wird. Einer der schrecklichen zeitgenössischen Könige läßt ihm durch seine Anhänger Loblieder singen: Er habe mehr menschliches Blut der unschuldigen Christen vergossen, als er Wein hätte trinken können.

Jener Machthaber begeht unglaubliche Schandtaten gegen die Kirche. Das menschliche Blut fließt über die öffentlichen Straßen und Kirchen wie das Wasser im Sturzregen. Vom Blut werden die nächsten Flüsse rot gefärbt.

Andererseits wird durch einen Seekrieg das Meer rot werden,
so daß es in einem Bericht eines Machthabers an den anderen
heißt: Die Wasserfläche rötet sich durch Kriegsschiffe.

UND NOCH EINMAL: DER DRITTE WELTKRIEG

Wir erfahren, daß die Kirchenverfolgung in direktem
Zusammenhang steht mit dem bereits geschilderten Dritten Weltkrieg. Er wird beginnen mit einem Seekrieg – und
es werden Atombomben zum Einsatz kommen, denn die
»Seuche« entsteht. Das Papsttum wird am Ende dieses
Krieges wieder eingesetzt werden, doch die Verwüstun-
gen werden sehr schlimm sein.

Und wieder ein Sprung zum nächsten, zum letzten
Krieg, wenn Satan selbst als Antichrist auftreten wird.
(Bei den Vögeln, die ihr »huy« durch die Lüfte schreien,
ist wohl keine Erklärung nötig.)

Dann, noch im selben Jahr und in den nachfolgenden, kommt
zu dem allem eine noch schlimmere Seuche. Durch den vorausge-
gangenen Hunger wird sie noch erstaunlicher. Das Elend wird so
groß sein, wie es seit der Gründung der christlichen Kirche keines
gegeben hat. Es breitet sich über alle lateinischen Gegenden aus
und verharrt mit ihren Spuren auch in spanischen Regionen.

Dann hört der dritte aquilonische Herrscher die Klagen des
Volkes durch seinen Regierungschef. Er rüstet eine riesige
Armee. An den Zerstörungen seiner letzten Vorgänger und
Urgroßväter zieht er vorbei, um den größten Teil seinem Staat
einzuverleiben.

Und der Stellvertreter der magna cappa (Papst) wird in seinen
früheren Staat wiedereingesetzt. Doch er ist trostlos und völlig
verwahrlost.

Eine neue Wende bringt der Sancta sanctorum die Zerstörung
durch das Heidentum. Das Alte und das Neue Testament werden
beseitigt und verbrannt. Daraufhin wird der höllische Fürst
selbst zum Antichristen. Noch einmal, zum letztenmal, zittern

alle christlichen Reiche und mit ihnen die Ungläubigen 25 Jahre lang. Die Kriege und Schlachten sind noch gefährlicher. Dörfer, Städte, Schlösser und alle anderen Gebäude gehen in Flammen auf, veröden, werden mit fürchterlicher Gewalt zerstört. Das Blut der Jungfrauen, der Frauen und Witwen wird vergossen. Säuglinge schleudert man gegen die Mauern der zerstörten und zertrümmerten Dörfer. Durch Satan, den Höllenfürsten, wird so viel Unheil angerichtet, daß beinahe die ganze weite Welt vernichtet und verödet ist.

Vor diesen Ereignissen schreien ungewöhnliche Vögel durch die Luft. Huy. Huy. Nach einiger Zeit sind sie wieder verschwunden.

Nachdem diese Schläge lange genug gedauert haben, ist eine neue Regierungszeit Saturns fast erneuert. Und das goldene Zeitalter beginnt. Gott der Schöpfer hört vom Elend seines Volkes und sagt: Der Satan soll ergriffen und in den Abgrund der Unterwelt, in die tiefste Grube geworfen werden.

Dann beginnt zwischen Gott und den Menschen ein Weltfrieden. Er wird ungefähr tausend Jahre lang gefestigt bleiben. Die kirchliche Macht fällt aber in höchste Gewalt zurück – und alles zerbricht erneut.

Daß alle diese Visionen sehr genau mit der Heiligen Schrift und den sichtbaren himmlischen Dingen übereinstimmen, das läßt sich erkennen an Saturn, Jupiter und Mars und den anderen Begleitern und vollständiger noch in einigen Vierzeilern. Ich hätte alles noch exakter berechnen und eines mit dem anderen in Zusammenhang bringen können. Ich sehe aber, gnädigster König, daß das eine oder andere vor der Zensur Schwierigkeiten finden müßte. Das ist der Grund, warum ich meine Feder weglege und mich zur nächtlichen Ruhe zurückziehe. Vieles, o König, wird sich ebenfalls klar und logisch in Kürze ereignen. Aber alles in diesen deinen Brief hineinschreiben, können und wollen wir nicht. Um aber gewisse schreckliche Ereignisse verstehen zu können, sind ein paar Dinge andeutungsweise vorweggenommen . . .

Nostradamus schließt mit Worten tiefster Ergebenheit und setzt Ort und Datum unter den Brief:

Salon, 27. Juni 1558.

Nostradamus
hat immer wieder
recht behalten

DER RÜCKBLICK
AUF EINGETROFFENE PROPHEZEIUNGEN

Den ersten großen Erfolg mit seinem prophetischen Werk erlebte Michel Nostradamus schon im Jahre 1559, nur ein einziges Jahr nach der Vollendung der Centurien.

Am 1. Juli feierte der Sohn des Königs Heinrich II. Hochzeit. Es war ein glanzvolles Fest, der König selbst in ausgelassener, übermütiger Stimmung. Gegen Mittag, es soll sehr heiß gewesen sein, forderte der 40jährige den jungen Hauptmann seiner Leibgarde, Gabriel de Lorges, Comte de Montgomery, zum Wettkampf heraus.

Die beiden Reiter, schwergepanzert, ritten zum drittenmal mit gesenkten Lanzen gegeneinander. Da passierte es: die Lanze des Gegners traf den König und zerbrach. Das gesplitterte Lanzenende schlug unglücklich durch das geschlossene Visier des Königs, drang in sein linkes Auge und kam beim Ohr wieder heraus. Zehn Tage lang rang der König unter unsäglichen Qualen mit dem Tod. Dann starb er. Am 10. Juli 1559.

In diesem Augenblick erinnerte sich die Königsfamilie an die Prophezeiung von Nostradamus. Er hatte den König vor einem Turnier gewarnt. Im Vers 35 seiner ersten Centurie stand nachzulesen – und das war schon vor rund zehn Jahren verfaßt:

»Der junge Löwe überwindet den alten
im Turnier bei einem Einzelwettkampf.
Durch das goldene Gitter sticht er ihm die Augen aus
im dritten Waffengang. Er wird einen grausamen
Tod sterben.«

(CENTURIE I/35)

Das war haargenau und in allen Details die Schilderung
der tragischen Szene, die sich am 1. Juli 1559 bei der
königlichen Hochzeit abgespielt hatte. Das »goldene Gitter« ist das Visier des goldgeschmückten Helms des
Königs. Er wurde im dritten Durchgang tödlich getroffen.
Es stimmte alles.

Verständlicherweise verbreitete sich diese »Sensation«
wie ein Lauffeuer durch ganz Frankreich: »Der Nostradamus hat es gewußt. Es gibt keinen Zweifel, diese Weissagung ist lange im voraus niedergeschrieben worden.«

Jetzt versuchte jeder, an die Centurien heranzukom-
men, um selbst in diesem »Geschichtsbuch der Zukunft«
zu schmökern: »Vielleicht steht da noch etwas Interessan-
tes drin, das sich demnächst ereignen wird.« So überleg-
ten die einen. Die Leute vom Hof rissen sich noch begieri-
ger um das Büchlein, nicht größer als ein Gebetbuch.
Bestimmt hoffte der eine oder andere, sich selbst und das
eigene Schicksal in einem der Verse zu entdecken.

Bis heute hat sich an dieser Einstellung zu Nostradamus
nicht viel geändert: Die Prophezeiungen sind eine uner-
schöpfliche Fundgrube für Sensationslüsterne. Für Leute,
die gerne schon heute über das tratschen möchten, was
erst morgen passiert, um anderen zumindest ein paar
Schritte voraus zu sein. Und die Verse sind ja so wunder-
voll dunkel, daß der Phantasie kaum Grenzen gesteckt
sind. Bei Nostradamus läßt sich so gut wie alles finden.

Genau das hat Michel Nostradamus zu verhüten versucht. Er wollte weder die Neugierde befriedigen noch ein
Schreckensgemälde der Zukunft an die Wand malen.

Seine Absicht war schon eher, ein Geschichtsbuch der Zukunft zu schreiben – in der Hoffnung, die Menschheit könnte aus den Fehlern lernen, bevor sie begangen werden.

AUFSTIEG UND FALL DES BRITISCHEN EMPIRES

Das Titelbild der berühmtesten Nostradamus-Ausgabe aus dem Jahre 1668, also etwa 100 Jahre nach der ersten Veröffentlichung der Centurien, schmücken zwei Voraussagen, die zu jener Zeit bereits eingetroffen waren und die wiederum viel Aufsehen in der ganzen damaligen Welt verursacht hatten: die Hinrichtung des englischen Königs Karl I. in London im Jahre 1649 durch Cromwell und der Brand von London im Jahre 1666. Kein Zweifel: die Herausgeber der Prophezeiungen in Holland standen noch ganz unter dem Eindruck der Ereignisse und waren fasziniert von der Treffsicherheit, mit der Nostradamus das alles geschildert hatte:

>*»Die Festung an der Themse – Kerker durch*
>*die Lords. Der König darin festgesetzt.*
>*Bei der Brücke wird er im Hemd gesehen.*
>*Ein Totgeweihter. Dann verstaut im Schloß.«*
>(CENTURIE VIII/37)

Dieser Vers ist ganz bewußt streng wörtlich und ohne jede Ergänzung oder Glättung übersetzt, um einmal zu zeigen, wie die Sprache des Nostradamus in den Centurien abgefaßt ist: stichwortartig. Das liest sich wie die Notizen, die ein Reporter an Ort und Stelle hastig auf seinen Block kritzelte, wäre er zufällig Zeuge des aufregenden Geschehens geworden. Die Szene ist in den wesentlichen Punkten festgehalten. Es fehlt nichts, es wurde auch nichts hinzugefügt: das Schloß am Themseufer, das ist Schloß Windsor. Cromwell hatte die Abgeordneten gezwungen, in ihm den König gefangenzuhalten, nachdem dieser nicht bereit war, die Rechte und Vollmachten des Parlamentes anzuerkennen und auf königliche Vollmachten zu verzichten.

Als Karl I. am 30. Januar 1649 zur Enthauptung geführt wurde, mußte er, so berichten Zeitgenossen, von einem Fenster aus über eine eigens errichtete Holzbrücke zum Schafott hinübersteigen, weil man dem König den schmählichen Spießrutenlauf durch die gaffende Menge ersparen wollte. Zum erstenmal sahen die Briten ihren König im Hemd, als er vor dem Scharfrichter Mantel und Jacke ausziehen mußte. Zum erstenmal und zum letztenmal in der englischen Geschichte wurde ein König hingerichtet, seiner Würde, seiner absoluten Macht beraubt.

Dieser Augenblick war das Ende der absoluten Königsherrschaft in England und die Geburtsstunde der englischen Demokratie, des englischen Weltreiches, des Empire, das fortan einen mächtigen Aufschwung nehmen sollte.

Unter diese Szene von der Hinrichtung Karl I. setzten die Drucker der Nostradamus-Ausgabe das Bild vom Brand von London im Jahre 1666. Nostradamus hatte angekündigt, die Freveltat am König werde eine schlimme Strafe nach sich ziehen:

>*Die große Pest wird von der Seestadt*
nicht ablassen, bis der Tod gesühnt ist:
Das Blut des Gerechten wurde von den Übeltätern verurteilt, ohne daß er Schuld auf sich geladen hätte.
Von der großen Dame wurde er nicht hintergangen und nicht gekränkt.«
(CENTURIE II/53)

Mit der großen Seestadt, das konnte seinerzeit jeder erkennen, kann nur London gemeint sein. Die Pest forderte 1665 nach zeitgenössischen Angaben weit über 60 000 Tote. Im Jahre 1666 wurde die Hauptstadt Englands schließlich durch einen verheerenden Brand fast gänzlich zerstört. Nostradamus sah in diesen Katastrophen die göttliche Rache am Königsmord. Für ihn war ein König ein Mann »von Gottes Gnaden«, gesalbt, unverletzlich.

Die »große Dame«, die in diesem Fall keine Schuld auf sich geladen hat, ist vermutlich Frankreich, das die Hinrichtung des englischen Königs nicht verhindern konnte und auch nicht bereit war, mit einem Ränkespiel die Tat zu sanktionieren.

Nostradamus erzählt die Geschichte nicht als Einzelereignis, das ihn besonders bewegt hat, sondern für ihn ist die Hinrichtung des englischen Königs einer der wesentlichen Wendepunkte in der Geschichte. Das ist die typische Handschrift des Propheten des Abendlandes: Er wandert durch die Geschichte wie einer, der einen Fluß überquert und dabei von Stein zu Stein hüpft. Das Ereignis von 1649 wird sofort verknüpft mit dem Niedergang des britischen Weltreiches 300 Jahre später:

> *Siebenmal wird man das britische Volk sich*
> *verändern sehen –*
> *innerhalb von 290 Jahren vom Augenblick an,*
> *da es sich mit Blut befleckt.*
> *Frankreich, überhaupt nichts gegen das germanische*
> *Bollwerk.*
> *Der Widder macht sich Sorgen um seinen bastarner Pol.«*
> (CENTURIE III/57)

Bereits im Jahre 1921 ist dieser Vers von dem Berliner Nostradamus-Forscher C. Loog richtig gedeutet worden. Er schrieb damals in seinem Buch *Die Weissagungen des Nostradamus:* »Nostradamus will uns also offenbar erzählen, daß 1939 mit der letzten und größten englischen Krise auch eine Krise für das wiedererstandene polnische Volk Hand in Hand geht.« Loog schlußfolgerte: 290 Jahre nach der Enthauptung des englischen Königs Karl I. wird der Zweite Weltkrieg ausbrechen.

Er hat recht behalten, den Hinweis des Nostradamus verstanden. Tatsächlich gibt es auch keine andere Erklärung für den Vers: Nur einmal haben die Engländer einen Königsmord begangen: im Jahre 1649. Kurz vor Ausbruch des Zweiten Weltkrieges, am 1. März 1939, gaben England und Frankreich dem polnischen Staat die Garantieerklärung, daß dessen Souveränität in jedem Fall geschützt würde. Am 25. August desselben Jahres, knapp eine Woche vor Kriegsausbruch, schloß England mit Polen zusätzlich einen Bündnisvertrag, der die Briten kurze Zeit später zwang, Deutschland den Krieg zu erklären. Damit ging Englands Vormachtsstellung in der Welt endgültig zu Ende. Zum siebtenmal, so sagt der Prophet, macht der Staat einen grundsätzlichen Wandel durch. Und diese Veränderungen des Staatswesens kann man tatsächlich unschwer nachvollziehen.

Der erste war die Abschaffung der absoluten Monarchie durch Oliver Cromwell. Schon sein Tod brachte ein »neues« England: Die Briten holten die Stuarts zurück, England wurde wieder Monarchie. Der König allerdings konnte nichts mehr ohne das Parlament und schon gar nichts gegen die Lords ausrichten.

Dritte Wandlung: Noch einmal verjagten die Engländer ihren König, aber diesmal geschah das auf unblutige Weise: sie holten Wilhelm von Oranien, der vertrieb seinen Schwiegervater, damit waren die wenig beliebten katholischen Könige, die Stuarts, endgültig beseitigt. Die »glorreiche Revolution« hat England wiederum ein anderes Gesicht gegeben.

Die vierte Veränderung brachte der Kurfürst Ludwig von Hannover, der als König Georg I. nach England kam. Mit ihm begann die Zeit der großen Ministerpräsidenten R. Walpole, W. Pitt der Ältere und W. Pitt der Jüngere: Sie führten England zur Großmacht, zum Commonwealth.

Fünfte Wandlung: Die Regierungszeit der Königin Viktoria, die ein ganzes Zeitalter prägte.

Die sechste Wandlung schließlich machte England durch, als es sich seinen »Erbfeind« Frankreich 1904 zum Freund und Bundesgenossen erwählte und sich damit gegen Deutschland wandte. Die »Entente« stellte England im Ersten Weltkrieg an die Seite Frankreichs – gegen Deutschland.

Nachdem am 1. September 1939 die deutschen Truppen in Polen einmarschiert waren, blieb England wiederum keine andere Wahl. Es mußte Deutschland der bestehenden Verträge wegen ultimativ auffordern, seine Truppen aus Polen abzuziehen. Als das nicht geschah, war der Weltkrieg unvermeidlich geworden. Am 3. September 1939 begann er. Am Ende jenes Krieges gab es nur noch zwei Supermächte: Amerika und Rußland.

In diesem Vers nun rügt Nostradamus sein Heimatland Frankreich. Am Tod des englischen Königs Karl I. war Frankreich nicht beteiligt gewesen. Doch am Ausbruch des Zweiten Weltkrieges mußte es mitschuldig werden – weil das Volk die Rüstung in Deutschland verschlafen und einen Angriff durch seine lasche Einstellung geradezu provozieren mußte: Frankreich hatte dem deutschen Aufmarsch nichts entgegenzusetzen.

Nostradamus bezeichnet die Deutschen hier wie an vielen anderen Stellen als »Widder«. Das war für die Astrologen des Mittelalters, die auch jedem Land und jedem Volk einen »Stern« zugeordnet hatten, selbstverständlich. Widder wird aber von Mars, dem Kriegsgott, regiert.

Nostradamus hat im Vers II/57 ziemlich deutlich gesagt, an welcher neuralgischen Stelle der Zweite Weltkrieg ausbrechen wird: Es geht um den »bastarner Pol«. Die Bastarner waren ein germanischer Stamm, der seinen Wohnsitz ursprünglich an der Weichsel hatte. Etwa 200 vor Christus wanderte dieser Stamm von der Weichsel hinunter zum Schwarzen Meer und ließ sich an der Donaumündung nieder. Vermutlich waren die Bastarner die ersten Germanen, die die Völkerwanderung einleiteten.

Das Wort Pol (bei Nostradamus pole) hat eine Doppelbedeutung, ein reizvolles Spiel, dem sich der Seher nur selten versagen konnte. Pol, das bedeutet einmal: es geht um das nördlichste Gebiet des Landes an der Weichsel, also um Ostpreußen, um den berühmten »Korridor«. Zum anderen ist andeutungsweise das polnische Volk mit Namen genannt. Es war alles gesagt. Die Menschheit hätte in den dreißiger Jahren die fürchterliche Gefahr erkennen müssen. Man hätte Loos, den Nostradamus-Forscher, ernstnehmen müssen. So aber geschah nichts, das Verhängnis nahm seinen Lauf. Davon wird gleich noch einmal zu sprechen sein: Hitler und seine Gefolgsleute kannten Nostradamus und nahmen ihn ernst. Hitlers Gegner wachten zu spät auf. Ein verhängnisvoller Fehler.

VON DER FRANZÖSISCHEN REVOLUTION ZU KHOMEINI

Eines darf man nie vergessen: Michel Nostradamus war ein Franzose, ein glühender Patriot und ein Monarchist bis ins Mark. Für ihn gab es keine schlimmeren Vorstellungen als die beiden: der »Pöbel« könnte sich gegen Macht und Ordnung erheben und gegen den König revoltieren, der das alles garantiert.

Und: das französische Volk könnte seinen geschichtlichen Auftrag, ihm von Gott auferlegt, verfehlen. So sind letztlich alle Prophezeiungen zu verstehen, vom ersten bis zum letzten Vers der Centurien.

In wenigstens 20 Versen, wenn nicht noch mehr, nimmt Nostradamus Bezug auf die Französische Revolution, wobei er sich der ganzen Abscheu vor den Untaten jener Zeit in markigen Ausdrücken von der Seele schreibt.

Den »Sonnenkönig« hatte er im Vers X/7 mit dem Titel Aemathion bezeichnet, das ist der Name eines griechischen Halbgottes, der im Götterreich morgens die Sonnentore öffnen mußte. Aber er wollte diesen prächtigen Herrscher nicht nur loben, sondern gab zugleich zu verstehen, daß seine maßlosen Feldzüge und seine Prunksucht die Revolution letztlich verursachen.

Schon in den beiden Vorworten ist die Rede von der nahenden Revolution, den »schlimmen Ereignissen«, die es nötig erscheinen lassen, die Texte so weit zu verschlüsseln, daß sie von falscher Seite nicht verstanden werden können. Nostradamus nennt dort auch das Datum 1792 als Augenblick, in dem man glaubt, eine neue Zeitrechnung einführen zu müssen. Die Revolution selbst schildert er in kurzen Szenen. Die Einleitung dazu:

»Dann wird sich ein Bourbone als sehr gut erweisen.
Er trägt in sich den Stempel der Gerechtigkeit.
Aber er trägt auch das (verhaßte) Blut und den Namen.
Deshalb wird er nach seiner Flucht ungerechterweise
zum Tode verurteilt.«

(CENTURIE VII/44)

Ludwig XVI., der Enkel Ludwigs XIV., galt allgemein als sehr gutmütiger, liebenswerter Mensch, doch er war offensichtlich als König ebenso schwach. Das französische Volk, vor allem die unteren Schichten, sahen endlich den Augenblick gekommen, sich an den Bourbonen zu rächen. Der gute König sollte büßen, was Vater und Großvater dem Volk angetan hatten. Gegen ihn richtete sich die ganze Volkswut. Und so sah die Flucht aus:

»Im Wald bei Reims befinden sich zwei auf einem
Irrweg, der unschuldige weiße Edelstein und der erste
und einzige in Grau gekleidet. Sie kommen nach Varenne.
Das Haupt des Kapetingers verursacht Sturm, Feuer,
Blut, Quillotine.«

(CENTURIE IX/20)

Ludwig XVI. war kein Mann, der sich zu wehren verstand. Nach dem Sturm auf die Bastille und einigen Schwierigkeiten mit den Ständen versuchte er 1791 zu fliehen, zusammen mit der Königin Marie Antoinette, der Tochter der österreichischen Kaiserin Maria Theresia. In einem Wald bei Varenne wurde er von einer Patrouille erkannt und verhaftet. Nostradamus spricht im Zusammenhang mit der Königin von unschuldig und von einem Edelstein: möglicherweise sogar ein Hinweis auf die berühmte Halsbandaffäre, die man Marie Antoinette angedichtet hat: Ein Liebhaber soll der Königin ein Diamantenhalsband geschenkt haben, das dann aber nach England verschwand. Diese Geschichte hat der Königin, die sich sehr lebenslustig gebärdete, sehr geschadet und das Volk zusätzlich gegen den Hof aufgebracht.

Dr. N. Alexander Centurio, der namhafteste deutsche Nostradamus-Forscher während des Zweiten Weltkrieges und kurz danach, fand in der französischen Zeitung *Gazette Nationale* vom 14. Juni 1791 eine Schilderung der königlichen Flucht, die beinahe wörtlich mit den Zeilen des Nostradamus übereinstimmt: »Die Flucht des Königspaares – ein Irrweg. Hätte der König den Weg nach Verdun eingeschlagen, statt nach Varennes zu fahren, dann wäre ihm die Flucht gelungen. Die Königin trug ein weißes Kleid, der König war in Grau gekleidet.«

Und die nächste Szene:
»Die große Königin sieht sich verloren.
Sie wird sich mit männlichem Mut zeigen.
Fast nackt bringt sie ein Pferd über den Fluß.
Sie wird durch das Eisen getötet. Zugleich wird
wüst der Glaube beschimpft.«
(CENTURIE I/86)

Die Hinrichtung der »verhaßten Österreicherin« war für Paris ein besonderes Schauspiel. Doch das sensationslüsterne Publikum erlebte keine wehklagende Frau, kein schreiendes, aufgelöstes Bündel, sondern eine unerwartet gefaßte, unerschütterte Königin. Zeitgenossen berichten, Marie Antoinette hätte schon vor dem Tribunal große Unerschrockenheit gezeigt. Als sie im berühmten zweirädrigen Karren, von einem Pferd gezogen, über die Seine zur Hinrichtungsstätte gebracht wurde, trug sie das Haupt erhoben, obwohl sie wie eine Verbrecherin in ein einfaches weißes Hemd gekleidet war. An der Guillotine angekommen, schritt sie rasch und wiederum aufrecht die Stufen empor, unbeeindruckt vom Gejohle der Menge.

In einem Abschiedsbrief, den sie ihrer Schwägerin Elisabeth vom Gefängnis aus schrieb, stehen auch hier nahezu dieselben Worte, die Nostradamus verwendet: »Ich bin soeben zum Tode verurteilt worden, doch es ist kein schändlicher Tod. Ich muß nicht sterben, weil ich etwas angestellt hätte, sondern weil ich deinem Bruder (dem König) nachfolge. Unschuldig, genauso wie er. Ich hoffe, ich werde dieselbe Fassung zeigen, wie er sie im letzten Augenblick fand.«

Als die Guillotine zuschlug, lästerten die Zuschauer aber nicht nur auf König und Adel, sie setzten auch eine Dirne auf den Altar in der Kirche und erklärten Gott durch die Vernunft ersetzt.

Der Revolution folgte Napoleon. Nostradamus hat ihn treffend beispielsweise so angekündigt:

> *»Er trägt von vornherein einen so schlimmen Namen,*
> *daß allein daraus drei Hellseherinnen das Schicksal deuten*
> *könnten.*
> *Er wird das große Volk mit Worten und Taten verführen.*
> *Mehr Ruhm und Geschrei wird kein anderer hinterlassen.«*

(CENTURIE I/76)

Das heißt doch: Schon an seinem Namen hätte man ihn erkennen müssen. Napoleon – das klingt ganz ähnlich wie das Griechische apollyon. Und das heißt: der Verderber. Nostradamus meint: Wenn einer mit einem solchen

Namen zur Pythia nach Delphi gekommen wäre, dann hätte diese keine Minute lang überlegen müssen, um sein Schicksal zu kennen. Und er skizziert auch zugleich das zwiespältige Gefühl, daß diesem Kaiser entgegengebracht wird: höchste Verehrung, obwohl bis dahin kaum einer mehr Blut vergossen und mehr Leid verbreitet hat wie dieser Mann.

Nostradamus schätzt ihn überhaupt nicht. Er nennt ihn den Herrscher, »der niemals rechtmäßig den Thron innehat«. Er schreibt:

> »Vor dem Namen, den niemals ein französischer König trug,
> – nie war ein Blitz fürchterlicher –
> zittern Italien, Spanien und England.
> Er ist hinter der hochgestellten ausländischen Dame her.«
>
> (CENTURIE IV/54)

Napoleon hat zuerst Italien und Spanien zugesetzt. Sein Hauptgegner aber war England. Die Tochter des österreichischen Kaisers, Luise, wollte er unbedingt heiraten, um sich damit beim alten europäischen Adel »hoffähig« zu machen, um Kinder zu bekommen, die aus ältestem Hochadel stammen.

Wiederum eine sehr typische Stelle für Nostradamus: Der Seher möchte andeuten, daß die Frau Napoleons aus Österreich kommt. Aber direkt, so, daß es jeder verstehen könnte, tut er es nicht. Statt dessen verwendet er ein Wort, das ganz ähnlich klingt und gleichzeitig stimmt – estrange (auswärtig). Heute sagen die Franzosen étrange.

Nostradamus spricht in weiteren Versen von dem Mann, der vom einfachen Soldaten zum Kaiser aufsteigt. Er nennt ihn nicht König, wie sonst üblich, wenn er, ganz allgemein, von Herrschern spricht, sondern er verwendet das Wort Empire, Kaiserherrschaft, eine Bezeichnung, die für das Zeitalter, für Stil und Mode zum Begriff wurde (Centurie VIII/57).

Er macht in diesem Fall wie in allen anderen, die folgen, dem französischen Volk immer wieder den Vorwurf: Wie konnte das passieren? Warum habt ihr nicht aufgepaßt? Warum habt ihr auf mich nicht gehört? Jeder Vers ist letztlich eine Mahnung – und ein Hinweis für das, was kommen wird gegen Ende des 20. Jahrhunderts.

Einer seiner Schlüsselverse für unsere Tage ist ein besonders eklatantes Beispiel für seine »Kunst« und für die Uneinsichtigkeit der Menschen:

> *»Regen, Hunger und Kriege sind in Persien nicht*
> *abgebrochen. Der Glaube ist zu stark. Er wird den*
> *Herrscher verraten. Das Ende kommt aus Frankreich,*
> *wo alles begonnen hat. Geheime Vorzeichen für eine Schick-*
> *salsgöttin.«*
>
> (CENTURIE I/70)

Auch diese Warnung ist nicht verstanden worden. Weder der Schah von Persien noch die Industrienationen, die voll auf ihn setzten, haben die »Vorzeichen« beachtet.

Mit allen Mitteln hatte der absolute Herrscher über den Iran, Schah Reza Pahlewi, versucht, die vielfältigen Probleme zu bewältigen und im Handumdrehen aus dem armen, von Krisen geschüttelten Land einen modernen Staat zu machen. Doch er hat seine Möglichkeiten gründlich überschätzt – und vor allem einen Faktor: den Islam, die Tradition, die Ayatollahs.

Als die Reformen viel zu rasch in Angriff genommen wurden – und der Segen nicht sofort spürbar wurde, gewannen die Religionsführer mehr und mehr Einfluß auf die persische Bevölkerung. Durch die moderne Lebensweise fühlten sich die Menschen entwurzelt, verunsichert, so daß sie sich enttäuscht wieder dem zuwandten, was früher Halt und Ordnung geboten hatte: der Religion. Die Macht des islamischen Glaubens und der Religionsführer wuchs und war schließlich stärker als der Schah mit seiner supermodernen Armee.

Er mußte das Land verlassen und fühlte sich schändlich verraten, mißverstanden, von einem undankbaren Volk nicht begriffen. Der Iran aber wandte sich Khomeini zu, der – wie Nostradamus es richtig vorausgesagt hatte – aus dem Exil in Frankreich kam. In Paris hatte man ihm sträflicherweise Gelegenheit gegeben, sich politisch zu betätigen und den Umsturz im Iran vorzubereiten. Die »Islamische Revolution« ging von Frankreich aus.

Niemand hatte die Warnung des Propheten begriffen. Dadurch ist wieder einmal eine große Chance der Geschichte vertan und damit eine recht schwierige Situation heraufbeschworen worden.

Und wie wird es nun weitergehen? Das steht in einem weiteren Schlüsselvers. Er lautet:

»Wenn sich der Preis für den sabäischen Tropfen
nicht mehr auf dem Höchststand halten kann, zum
Zeitpunkt, da man die toten menschlichen Körper zu Asche
verbrennt und die Insel Pharos durch Kreuzer in Unruhe
versetzt wird, wird auf Rhodos ein hartes Schreckgespenst
erscheinen.«

(CENTURIE V/16)

Das ist ein Vers, den sich die Menschen der 8oer Jahre einprägen sollten, der die höchste Aufmerksamkeit der Regierungschefs finden müßte: Hier wird ein neuer Krieg angekündigt – mit recht genauen Daten, so unverständlich die Zeilen sich auch anhören mögen:

Sabäische Tropfen – so nannte man vor Jahrtausenden das Erdöl. Die Ägypter haben es von der Königin von Saba bezogen. Sie benötigten es zum Einbalsamieren ihrer Toten.

Nostradamus knüpft daran sofort einen Hinweis für unsere Zeit: Das Öl, das man früher zur Erhaltung toter Körper verwendet hat, wird zu der Zeit, die er anspricht, also in unseren Tagen, hauptsächlich als Brennstoff verschwendet. Sogar – und das muß für ihn und sein

Jahrhundert geradezu skandalös gewirkt haben –, sogar zum Einäschern der Toten wird man es verwenden. Nostradamus weiß, daß es neben dem Begräbnis im 20. Jahrhundert die Einäscherung geben wird – eine geradezu ungeheuerliche Vorstellung für einen Menschen des ausgehenden Mittelalters. Noch vor einer Generation hätte kaum ein Katholik es für möglich gehalten, daß Rom eines Tages nicht mehr auf der Erdbestattung bestehen würde – zumal die Feuerbestattung zum Symbol der Abkehr von der Kirche geworden war.

Mit dieser ersten Feststellung ist die Zeit also grob charakterisiert. Nun kommt aber ein noch viel deutlicherer Hinweis dazu: Das Erdöl wird eine ganz gewichtige Rolle spielen – vor allem die Erdölteuerung. Wenn der Tag aber gekommen ist – und erste Anzeichen dazu sind bereits vorhanden –, daß die Preise nicht mehr steigen, dann gilt es aufzumerken. Denn dann droht ein »Schreckgespenst«, und das heißt in der Sprache des Propheten Krieg. Gefahrenpunkte sind Ägypten. Pharos ist eine kleine Insel vor Alexandrien. Sie heißt heute Pharillon. Dort sollen die Kriegsschiffe auftauchen, warnt Nostradamus. Und wenn das der Fall sein wird, passiert etwas Schlimmes bei Rhodos. Die Mittelmeerinsel steht wohl ebenso stellvertretend für die Türkei wie Pharos für Ägypten.

Ein anderer Vers bestärkt diese Deutung:

> *»Die von der Insel Rhodos werden um Hilfe rufen. Sie*
> *fühlen sich durch die Nachlässigkeit ihrer*
> *Verbündeten im Stich gelassen. Das Arabische Imperium*
> *wird seinen Kurs aufwerten. Durch die Westmächte wird*
> *die Sache zurückgewiesen.«*
>
> (CENTURIE IV/39)

Wieder geht es um Rhodos, wieder ist vermutlich die Türkei gemeint. Sie ruft um Hilfe, also um militärische Unterstützung, tut das aber ganz offensichtlich vergebens. Wem werden die Westmächte eine Abfuhr erteilen? Dem »Arabischen Imperium« offensichtlich nicht, denn es erfährt ja eine »Aufwertung«. Es sieht fast so aus, als würde wieder einmal ein Hilferuf nicht ernst genommen und ein Land, das sich einem übermächtigen Aggressor gegenübersieht, seinem Schicksal überlassen werden – wie einst Ungarn, wie die Tschechoslowakei, wie Afghanistan. Keiner wird den Angreifer zurückweisen, weil es niemand mit den Besitzern der Ölquellen verderben will.

Für »Westmächte« setzt Nostradamus übrigens die altgriechische Bezeichnung »Hesperer«. So nannte man im Griechenland des Sokrates die Länder, die ganz im Westen des Mittelmeers liegen, ursprünglich Italien, später Spanien. Die Hesperiden waren in der griechischen Mythologie Nymphen, die jenseits des Ozeans im Göttergarten wohnten. In der Tat: ein passender Begriff.

Eine andere Formulierung läßt aufhorchen: »Arabisches Imperium«. Durch Jahrhunderte waren solche Andeutungen eine arge Zumutung, ja ein Ärgernis für jeden, der sich mit Nostradamus beschäftigte. Immer wieder spricht er von den Arabern und warnt: Paßt auf, sie werden kommen. Von keiner Seite droht dem Abendland mehr Gefahr als vom Orient. Von Persien. Aus Libyen. Vom Islam. Das »Kamel« soll, wie wir gleich hören werden, sogar aus Rhein und Donau trinken – ein Hinweis darauf, daß sich Menschen aus dem Orient in unserer Heimat zu Hause fühlen werden.

Es ist verständlicherweise immer wieder versucht worden, den Orient in den Osten umzudeuten. Man sagte: »Aus Persien kann nun wirklich keine Gefahr drohen. Also muß der Seher etwas anderes meinen. Zu seinen Lebzeiten war diese Gegend von den Mongolen beherrscht. Also kann mit dem Begriff Persien nur Rußland gemeint sein. Andere vermuteten, Nostradamus hätte nur die Richtung angeben wollen und ganz allgemein die Russen und die Chinesen im Auge gehabt.

Heute sind solche Verrenkungen und Verbiegungen nicht mehr nötig. Plötzlich hat alles, wider Erwarten, einen Sinn bekommen: Niemand kann den europäischen Völkern im Augenblick mehr Schaden zufügen als jene, die die Ölquellen besitzen.

Was Nostradamus wirklich gemeint hat, das geht aus einem sehr interessanten Vers hervor, der ebenfalls schon vor Jahrzehnten ziemlich richtig gedeutet wurde. Er heißt:

> *An den Grenzen der VAR wird sich das*
> *Großmächtige verändern.*
> *Bei der Küste werden drei schöne Kinder geboren.*
> *Der Untergang für das Volk ist gekommen, die Zeit ist reif.*
> *Die Regierung im Land wird wechseln, aber nicht mehr*
> *wachsen.*

(CENTURIE VIII/97)

VAR – das ist in diesem Vers mit großen Buchstaben geschrieben. Es kann auch heißen UAR, denn U und V waren im Mittelalter vielfach ein und derselbe Buchstabe. In den Schriften Nostradmus' werden sie beinahe beliebig verwendet, mal V, mal U, wie es dem Setzer in der Druckerei gerade paßte.

UAR – das ist aber die »United Arabian Republik«. Als Gamal Abd el Nasser 1954 in Ägypten zur Macht gekommen war, startete er den ersten Versuch, einen arabischen Großstaat zu gründen. Er schloß sich – und das sollte ein Anfang sein – mit Syrien zu einem Staatenbund zusammen. Der Jemen machte ebenfalls mit. Nasser wurde der Präsident der »United Arabian Republik«. In Anlehnung an die USA bekam der neue Staat das Kürzel: UAR.

Tatsächlich: an den Grenzen der UAR haben sämtliche Großmächte ihren bisherigen Status eingebüßt. Dort, im Mittelmeerraum, im Vorderen Orient, haben sich in unseren Tagen die Machtverhältnisse gründlich verändert.

Das begann mit der militärischen Aktion am Suezkanal, als England und Frankreich versuchten, ihre Besitzrechte mit Kanonendonner und Waffengewalt zu klären. Der ägyptische Staatspräsident hatte sich im Oktober 1956 den Suezkanal kurzerhand angeeignet und die lästigen Besatzungstruppen aus dem Land geworfen. Zum letztenmal glaubten damals sogenannte »Große«, sie könnten die Kleinen züchtigen, mit einer »Strafexpedition« zur Räson rufen. Doch diese Zeiten waren endgültig vorbei. Rußland drohte massiv, die Vereinigten Staaten ermahnten ihre Freunde ebenso nachdrücklich zur Vernunft. England und Frankreich wurden zum Gespött der Welt. Ihre Vorherrschaft im Mittelmeerraum war für immer dahin. Die Aktienpakete vom Suezkanal besaßen keinerlei Wert mehr. Für das britische Empire war die schwärzeste Stunde der Geschichte angebrochen. Premierminister Eden mußte zurücktreten.

Frankreich ging es nicht viel besser. Zwar kam zwei Jahre nach dem Debakel Charles de Gaulle zur Macht. Er gründete die 5. Republik, gab dem Land noch einmal eine neue Verfassung. Doch Nostradamus sagte voraus: Auch dieser Versuch wird den Niedergang seines Volkes nicht aufhalten können:

»*Frankreich sieh zu, daß du mein Wort beherzigst!*«

(CENTURIE III/24)

So beschwört er sein Volk.

Auch die USA und die Sowjetunion haben im Mittelmeerraum und in den Auseinandersetzungen um Persien und Afghanistan ihr Gesicht verloren. Als die Perser die amerikanischen Bürger in der Botschaft von Teheran gefangennahmen und über ein Jahr lang festhielten, ohne daß die USA eine Möglichkeit sahen, mit Bitten oder Drohungen auch nur das geringste zu erreichen, da fühlte sich die ganze Nation zutiefst gedemütigt. Die Regierungschefs der bisher bestimmenden Nationen mußten aber einsehen, daß sich mit Flugzeugträgern und Atombombenarsenalen nicht mehr alles erreichen läßt. Es gibt eine neue Waffe, die empfindlicher treffen kann. Sie heißt: Energiequellen.

Schließlich hat Rußland durch seinen Einmarsch in Afghanistan einen deutlichen Dämpfer erfahren: Die ganze Welt empörte sich, die ganze Welt, und das sehr massiv. Die Sowjetunion wurde zum erstenmal vor dem Weltsicherheitsrat verurteilt, und viele Nationen boykottierten die Olympischen Spiele von Moskau.

ADOLF HITLER –
UND DER VERÄNDERTE BUCHSTABE

Bei einem Rückblick und beim Versuch, gegenwärtige Ereignisse mit Hilfe der Prophezeiungen des Nostradamus zu erklären und zu deuten, darf eine besondere Epoche nicht vergessen werden: Adolf Hitler und das Dritte Reich.

So wie die Geschichte Englands zuvor den Schlüssel zum Datum des Kriegsausbruchs 1939 geliefert hat, so wird dasselbe Datum von Deutschland und Frankreich her in den Prophezeiungen des Nostradamus angezeigt:

>*Wenn der Widder regiert, Jupiter und Saturn*
>*bestimmend sind:*
>*Ewiger Gott, welche Veränderungen!*
>*Von da an kehren seine schlechten Zeiten ein*
>*langes Jahrhundert immer wieder.*
>*Frankreich und Italien: welche Erschütterungen!«*
>(CENTURIE I/51)

Dies ist einer der Verse, die von manchen, leider von viel zu wenig Seiten, in den dreißiger Jahren richtig verstanden wurden. Widder, es wurde schon angedeutet, steht bei Nostradamus häufig für die deutsche Nation. Auch Adolf Hitler war, am 20. 4. geboren, eben noch ein Widder.

In den Jahren 1939/1940 zeigte sich am Sternenhimmel aber gleich dreimal die seltene Begegnung der beiden Planeten Jupiter und Saturn.

Und jedesmal bedeutete sie Krieg: Überfall auf Polen, Einmarsch in Frankreich, Ausweitung des Krieges zum Weltkrieg.

Was wäre wohl passiert, wenn folgender Vers in den dreißiger Jahren verstanden und ernst genommen worden wäre:

> *Der Führer des dritten (Reiches) wird schlimmere*
> *Taten verüben als Nero.*
> *Wieviel Blut tapferer Menschen läßt er vergießen!*
> *Er wird die Opfer-Öfen wieder aufbauen.*
> *Das ›goldene Zeitalter‹ ist ein Todes-Zeitalter.*
> *Der neue Machthaber ist ein Skandal.«*
>
> (CENTURIE IX/17)

Dieser Vers ist von vielen Nostradamus-Interpreten auf die französische Revolution gedeutet worden. Was hier als »Führer des dritten Reiches« übersetzt wurde, hieß dann: »Der dritte Stand wird zum ersten...« Aber mit den errichteten Öfen gab es große Erklärungsschwierigkeiten.

Der Franzose Jean Charles de Fontbrune deutet die Vorhersage wohl richtig auf Hitler. Hitler und Nero oder Hitler und Hadrian werden wiederholt bei Nostradamus miteinander verglichen: Beide römischen Kaiser haben sich besonders bei der Verfolgung von Juden und Christen und scheußlichen Mordtaten hervorgetan. Hitler hat in der Tat die Tapferkeit vieler Soldaten mißbraucht. Und er hat das wohl Abscheulichste getan, was je ein Despot verübte und was man vergleichsweise nur in grauer heidnischer Vorzeit findet: Er hat die Gaskammern einrichten lassen und seine Feinde, die Juden, in eigens errichteten Öfen verbrennen lassen. Er sprach unentwegt vom »goldenen Zeitalter«, das mit ihm angebrochen wäre. Es wurde eine Epoche des Todes.

Es gehört möglicherweise zur Tragik der zwanziger und dreißiger Jahre, daß nur eine Seite, und zwar die falsche, sich mit Michel Nostradamus und seinen Prophezeiungen befaßte.

Es ist nachgewiesen, daß Adolf Hitler schon während seiner Münchner Zeit dort mit Nostradamus bekannt gemacht wurde. Einer seiner Gönner hat ihm Schriften über Nostradamus in die Hand gegeben, vor allem das Buch des Berliners Loog, und ihn auf Begriffe wie »Großdeutschland«, »der Führer Germaniens«, »das heilige Reich kommt nach Germanien«, das »Tausendjährige Reich« und ähnliche Vorhersagen des Nostradamus hingewiesen. In Hitlers Werk *Mein Kampf* wimmelt es von solchen Ausdrücken, die er von Nostradamus übernommen und auf sich umgemünzt hat.

Der Nostradamus-Forscher Dr. N. Alexander Centurio berichtet in seinem Buch *Nostradamus, prophetische Weltgeschichte*, 1977: »Als ich in der Staatsbibliothek Berlin im Jahre 1939 die einzige vorhandene Ausgabe der Centurien, angeblich 1568 von Pierre Rigaud in Lyon gedruckt, in die Hand bekam, bemerkte der zuständige Bibliotheksrat: ›Eben ist dieses Buch aus der Reichskanzlei zurückgekommen.‹ Ein Lesezeichen lag noch zwischen den Seiten 58 und 59, und diese Prophezeiung war rot angestrichen:«

»Am Rhein der norischen Berge wird ein Großer
geboren werden aus dem Volk, das zu spät gekommen ist.
Er wird das Land an der Weichsel und an der Donau
verteidigen.
Niemand wird ahnen, wie er schließlich endet.«

(CENTURIE III/58)

Das war der Vers, den Hitler auf sich bezogen hat – und der allgemein auch heute noch so gedeutet wird.

Der »Rhein der norischen Berge«, das ist der Inn. Norica war die römische Provinz in den Alpen mit dem heutigen

Salzburg als Hauptstadt. Hitler ist in Braunau am Inn geboren worden.

Das Volk, das zu spät gekommen ist, das sind die Österreicher, denen von den Preußen der Rang abgelaufen wurde, so daß sie die Führung Deutschlands abtreten mußten.

Die ersten Ziele Hitlers waren die »Heimführung Österreichs«, die Besetzung der Tschechoslowakei und ihre Umbildung in ein »Protektorat Böhmen und Mähren«, schließlich der Versuch, das getrennte Ostpreußen mit dem Reich zu verbinden. Als die deutschen Truppen in Wien einzogen und mit großem Jubel begrüßt wurden, ahnte wohl in der Tat kaum einer, wie schrecklich das alles ausgehen würde. Nostradamus hat es gewußt.

Das Wort »groß« darf einen nicht verwundern. Nostradamus verwendet es sehr häufig – aber niemals in moralischer Wertung.

Groß ist für ihn jeder, der es zu etwas gebracht hat, der Macht und Einfluß besitzt, und wäre es auch nur vorübergehend. In diesem Sinne war jeder Herrscher, auch Hitler, für ihn ein Großer.

Vor allem der folgende Vers muß dem »Führer von Großdeutschland« mächtig gefallen haben:

>»Ein Kapitän des großen Germanien tut so,
>als wollte er Hilfe bringen dem König der Könige.
>Vom Donauland hilft man ihm.
>Wieviel Ströme von Blut wird seine ›Bewegung‹ bringen.«
>(CENTURIE IX/90)

Das »große Germanien« ist schon 1923 als »Großdeutschland« übersetzt worden. Dieser Begriff darf nicht als Prophezeiung gewertet werden – er ist eher, wie bei vielem, was Hitler tat, Wirklichkeit geworden, weil die bekannte Vorhersage zur Initialzündung wurde: Nostradamus war für die Nationalsozialisten fast so etwas wie ein »Rezeptbuch«, nach dem sie ihre Suppe kochten.

Die zweite Zeile des Verses ist schon interessanter: Hitler trat tatsächlich auf als der Mann, der die Welt vor dem Kommunismus rettet, der das Christentum vor der Gottlosigkeit in Schutz nimmt. Seine Sprüche von der »Vorsehung«, die ihn berufen hat, seine Konkordate, die er mit dem Vatikan schloß, weckten bei vielen Christen, speziell bei Kirchenfürsten, die Hoffnung, er würde Friede und Ordnung schaffen, nicht zuletzt Religionsfreiheit garantieren.

Der König der Könige ist bei Nostradamus der Papst. Das katholische Österreich hat sich von Hitler sehr bereitwillig ins Reich heimholen lassen. Auf die leidenschaftlichen Appelle des österreichischen Bundeskanzlers Schuschnigg, der vor Hitler warnte, wollte kaum mehr einer hören. Selbst der Wiener Kardinal Innitzer hat sich von Hitler blenden und täuschen lassen. Als das endlich eingesehen wurde, war es zu spät. Das Blut floß in Strömen, wie sie die Welt zuvor nicht erlebt hatte. Beinahe unverständlich, daß niemand in der Kirche einen solchen Vers gekannt hat!

Aber auch Hitler selbst hätte gewarnt sein müssen:

»Die Schriften des großen Propheten werden beschlagnahmt.
Sie geraten in die Hände des Tyrannen.
Seine Unternehmungen beruhen jedoch auf Trugschlüssen.
Seine Raubzüge werden ihn schnell um den Verstand bringen.«

(CENTURIE II/36)

Dazu gehört eine ganze Geschichte: Im Herbst 1939, kurz nach dem Ausbruch des Krieges, weckte eines Nachts Magda Goebbels, die Frau des Propagandaministers, ihren Mann. Sie war in einem Buch über Wahrsagerei auf einen Vers des Nostradamus gestoßen, der sie in helle Aufregung versetzte. Da stand es unmißverständlich, was die Machthaber des Dritten Reiches im Schilde führten:

»Die Cimbern, verbündet mit ihren Nachbarn,
werden kommen, Frankreich bis zur spanischen Grenze hin
zu entvölkern . . .«

(CENTURIE III/8)

Cimbern und Teutonen, das waren zwei germanische
Stämme, die um 100 vor Christus ihre Heimat an der
Ostsee verließen und quer durch Europa Richtung Italien
zogen. Dabei haben sie nachhaltigen Schrecken hinterlassen. Cimbern steht hier ohne Zweifel stellvertretend für
die kriegerischen, »teutonischen« Deutschen. Nachdem
weder im Krieg 1870/71 noch im Ersten Weltkrieg Frankreich bis zu den Pyrenäen zerstört und »entvölkert«
werden konnte, muß Nostradamus einen neuen Einmarsch deutscher Truppen in Frankreich angekündigt
haben.

Den hatte Hitler 1939 ja auch längst geplant. Joseph
Goebbels wußte ganz sicher davon und war von dem, was
seine Frau gefunden hatte, nicht weniger beeindruckt als
sie. Er witterte natürlich auch zugleich die große Chance,
solche Prophezeiungen in der Propaganda auszuwerten:
Es mußte die Soldaten vorwärtstreiben, wenn sie wußten,
daß der Sieg schon feststand. Und Hitler und seine Macht
wurden aufgewertet.

Goebbels ließ den Schweizer Astrologen und Nostradamus-Kenner K. E. Krafft nach Berlin kommen.

1940, als der Frankreich-Feldzug begann, war Nostradamus denn auch in aller Munde. Selbst in Amerika
berichteten die Zeitungen groß über den alten Propheten:
»Er hat alles vorausgesagt«:

»Großdeutschland einverleiben will er Brabant und
Flandern, Gent, Brügge und Boulogne.
Der Burgfriede ist geheuchelt.
Der große Führer aus Armenien läßt Wien und
Köln berennen.«

(CENTURIE V/94)

Die deutschen Truppen sind, wie angekündigt, über Holland und Belgien in Frankreich eingefallen. Der Freundschaftsvertrag, den Hitler zuvor mit Stalin geschlossen hatte, um den Rücken frei zu haben, ein »Burgfriede« im wahrsten Sinn des Wortes, war mehr als geheuchelt, wie kurz später mit dem Rußlandfeldzug deutlich wurde.

Die Verwirrung um Nostradamus war damals sehr groß. Der britische Geheimdienst »Secret Service« soll sich dem Vernehmen nach ebenfalls auf den alten Propheten gestützt und die riesige Summe von 80 000 Pfund ausgegeben haben, um Goebbels Propaganda zu widerlegen.

Mittlerweile hatte die Gestapo aber in Deutschland alle Nostradamus-Texte verboten. Die Begründung ist beinahe belustigend: »Wegen Vorwegnahme der Ereignisse.« Es sollte verhindert werden, daß die Gegner Einblick in die geheimsten Pläne Hitlers bekamen, indem sie die Verse des Propheten lasen, so meinte Himmler. Nachdem auch noch ein Astrologe Rudolf Heß zum Flug nach England geraten hatte, wurden die namhaftesten Astrologen verboten und die Bücher von Nostradamus verbrannt.

Nur einer durfte in der Reichskanzlei bleiben: Karl E. Krafft. Alexander Centurio erklärt in seinem Nostradamusbuch, wie es dazu gekommen war: Es ging um die letzte Zeile des bereits zitierten Verses V/94: »Der große Führer aus Armenien läßt Wien und Köln berennen.« Centurio schreibt: »Bereits im Jahre 1938 hatte der Schweizer Nostradamusforscher und Astrologe Krafft erkannt, daß der Führer von Armenien Stalin war. Er kam spontan zu Goebbels und wollte ihn warnen. Goebbels erkannte sofort, daß sich dieser Vers dazu eignet, das Glück zu korrigieren. Er beredete Krafft, statt der Formulierung d'Armenie einfach d'Arminie zu setzen. Er machte also aus einem Führer aus Armenien einen Führer des Arminuslandes. Und damit aus Stalin Hitler. Krafft ging leider darauf ein und erhielt eine Stellung als Referent im Propagandaministerium. Gleichzeitig wurde er zum astrologischen Berater Hitlers ernannt.«

Ein einziger Buchstabe ist geändert worden! Krafft hat er das Leben gekostet. Er wurde 1944 von der Gestapo wegen Sabotage verhaftet und starb in einem Konzentrationslager. Unter seinen Habseligkeiten, die er hinterließ, fand sich ein Zettel mit dem Satz: »Hitler, auch dein Stern ist im Sinken.«

Der Sturz war von Nostradamus vorhergesagt: Stalin läßt Wien, die östlichste Großstadt des damaligen »Großdeutschen Reiches«, und Köln, die westlichste, berennen. Der Krieg, lange Zeit im Ausland geführt, tobt zuletzt auf deutschem Boden.

In einem anderen Vers wird das noch deutlicher:

»In dem Konflikt wird der Große, der wenig wert war,
zuletzt doch noch das Wunder vollbringen: Während
Hadrie sieht, was alles verloren ist, erschießt sich der
Größenwahnsinnige beim Festmahl.«

(CENTURIE II/55)

Zwei Begriffe stehen hier zusammen, die Nostradamus nur für Hitler verwendet hat: Hadrie – und der Größenwahnsinnige. Es kann also kein Zweifel bestehen: hier ist das Ende Hitlers gemeint.

Der Große, der wenig galt oder gar wenig wert war, zumindest aber gewaltig unterschätzt wurde, das ist wieder Stalin. Er schien am Ende, als die deutschen Truppen Stalingrad belagerten und vor Moskau standen. Aber dann wendete sich das Kriegsglück, und er vollbrachte doch noch das Wunder.

In den letzten Kriegstagen, als er in seinem Bunker in Berlin hoffnungslos eingeschlossen war und einsehen mußte, daß alles verloren ist, ließ sich Adolf Hitler mit Eva Braun trauen. Nach dem Festmahl erschoß er sich und seine Frau.

Für den Selbstmord im Führerbunker schafft Nostradamus sogar ein neues Wort: pongdale. Die erste Silbe dieses Wortes ist das »pong«, mit dem die Franzosen üblicherweise den Knall eines Schusses nachahmen. Aus der zweiten Silbe könnte man das deutsche Wort »Knall« heraushören. Das französische »poing«, mit dem pongdale noch am ehesten verwandt scheint, bezeichnet heute nicht nur die Faust, sondern auch eine Handfeuerwaffe. Genau damit hat sich Hitler aber umgebracht.

Das erbärmliche Ende: Hitlers Leiche und die von Eva Braun wurden auf dem Straßenpflaster mit Benzin übergossen und verbrannt. So wünschte es der Diktator. Nostradamus schildert die Szene ebenfalls:

»*Zwei auf dem Pflaster gegrillt.*«

(CENTURIE VI/65)

Auch für Hitler ließen sich bei Nostradamus eine Fülle weiterer Verse finden. Hier sind nur einige Beispiele angeführt.

Zum Abschluß des Rückblicks noch zwei »Meisterleistungen«, die zeigen sollen, daß der Seher auch in der Lage war, Namen unverschlüsselt zu nennen: In der Centurie IX/16 nennt er den spanischen Generalissimus Franco:

»*Franco geht aus der Junta von Kastilien hervor.*
Der Gesandte kann nicht gefallen. Er verursacht die
Spaltung.
Die Anhänger Riveras halten zu ihm.
Sie verweigern dem großen Unheilstifter den Zutritt.«

(CENTURIE IX/16)

In Burgos im spanischen Kastilien haben Franco und andere Offiziere die Junta gegründet. Nostradamus verwendet, um Ort und Land in einem Atemzug zu bezeichnen, das Wort: Burgcastel. Damit hat er den Ort genannt und das Land. Kastilien ist das Land der Burgen.

Franco, zuerst auf die Kanarischen Inseln verbannt, war seiner Regierung ein Dorn im Auge. An seiner Person spaltete sich dann das Land in zwei Gruppen, so daß es zum Bürgerkrieg (1936) kam. Während des Zweiten Weltkrieges weigerte sich Franco standhaft, in den Krieg einzutreten. Die deutschen Truppen durften nicht einmal durch Spanien zur Front fahren oder in spanischen Häfen Treibstoff und Verpflegung aufnehmen.

Primo de Rivera (Nostradamus nennt ihn Ribiere) ist mit seinen Truppen zu Franco gestoßen und sein Vertrauter geworden.

Und Benito Mussolini:

> *»Wenn die Inschrift D. M. gefunden wird, und man*
> *ein altes Grab beim Licht der Lampe entdeckt,*
> *werden königliches und prinzliches Recht auf harte Probe*
> *gestellt.*
> *Bis die Fahne des Königs mit der des Duce eingerollt wird.«*
> (CENTURIE VIII/66)

D. M. – das war der große Auftritt von Mussolini. In den frühen zwanziger Jahren ließ er diese Initialen überall in Italien an die Hauswände schmieren.

1927, so deutet Alexander Centurio diesen Vers weiter, fand man das Grab des ägyptischen Pharaos Tut-ench-Amun. Ziemlich genau zur selben Zeit entmachtete der Duce den italienischen König. Dieser wurde in den letzten Tagen des Zweiten Weltkrieges zwar noch einmal zurückgerufen, doch nach dem Krieg verschwanden in Italien beide Fahnen und Herrschaften gleichzeitig: der Duce wurde ermordet, und König Emanuel mußte endgültig abdanken.

Sollten alle diese Beispiele aus dem Zufall geboren sein? Glaubt jemand im Ernst, daß es solche Zufälle überhaupt gibt? Um es noch einmal ganz deutlich zu sagen: Wieviel Elend und Not und Zerstörung hätte vermieden werden können, wenn der alte Prophet auch nur ein bißchen studiert und in Betracht gezogen worden wäre. Wenn man seine Mahnungen und Warnungen wenigstens als Möglichkeit zu anderen Überlegungen hinzugezogen hätte! Aber Nostradamus wußte es ja im voraus: Man wird nicht auf ihn hören.

Und wie wird es nun in der Zukunft sein?

Der Dritte Weltkrieg
beginnt im Sommer 1987

Wenn Nostradamus von jener Zeit spricht, auf die letztlich alles ausgerichtet ist, die Jahre um 2000, dann erwähnt er stets die doppelte »Revolution«: Krieg, Terror, Hunger und Seuchen unten auf der Erde – und kosmische Katastrophen am Himmel, die in sehr engem Zusammenhang damit stehen und die durch die Unvernunft der Menschen verschlimmert werden.

Sollen beide Katastrophen wirklich in naher Zukunft eintreten? Wenn der Seher recht behält – und er befindet sich mit dieser Festlegung in Übereinstimmung mit vielen anderen Propheten, Sehern, Hellsehern und Wahrsagern, neuerdings auch Wissenschaftlern – dann kann man kaum daran zweifeln: Es ist soweit.

Er selbst gibt zwei sehr einleuchtende Erklärungen dafür, warum jetzt und nicht sehr viel später.

Die erste: In den rund 1000 Versen findet sich nur eine Handvoll präziser Zeitangaben. Nur zwei von ihnen liegen in der Zukunft, alle anderen haben sich schon erfüllt. Das ist der Jüngste Tag im Jahre 3797 – und dann das sehr genau fixierte Datum: 11. August 1999. Dieser Tag bedeutet für Nostradamus so etwas wie den großen Wendepunkt in der Geschichte. An diesem Tag wird die Welt nicht untergehen, wie manche momentan behaupten, die Nostradamus nicht kennen und völlig falsch interpretieren, sondern von diesem Augenblick an wendet sich alles zum Positiven. Der entsprechende Vers lautet:

>*Im siebten Monat im Jahre 1999 wird am Himmel*
ein großer König des Schreckens erscheinen.
Er wird auferstehen lassen den König von Angoulême.
Vor und nach einem Krieg wird er glücklich regieren.«

(CENTURIE X/72)

Nostradamus hat noch nach dem julianischen Kalender gerechnet. Dieser ist erst 1582 von Papst Gregor korrigiert worden. Was für Nostradamus noch in den Juli fiel, ereignet sich nach unserem heutigen Kalender am 11. August 1999. An diesem Tag nähert sich der Erde kein todbringender Irrläufer aus dem Weltraum, der zur Kollision und zur Zerstörung der Erde führt, wie Charles Berlitz behauptet. Der »Schreckenskönig« am Himmel ist dem mittelalterlichen Sprachgebrauch nach eine Sonnenfinsternis. Tatsächlich hat Nostradamus dieses Datum mit großer Fertigkeit vorausberechnet. Sonnenfinsternis – das bedeutete für die alten Astrologen stets die Ankündigung entscheidender, meistens schlimmer Ereignisse: ein Herrscher stirbt, ein Land wird zerstört, eine Katastrophe naht.

Genau das ist auch hier gemeint: In Frankreich kommt der bisherige Herrscher – und mit ihm das ganze System zu Fall. Ein neuer Mann nimmt die Macht in die Hände. Und er wird Europa in eine neue Zukunft führen. Vorher allerdings – und nach ihm erneut – wird es Krieg geben. Zwischen diesen Kriegen allerdings wird er sehr glücklich regieren.

Angoulême – häufig auf die Mongolei gedeutet mit der Ankündigung, die Herrschaft der Sowjetunion über Westeuropa beginne – ist vermutlich die alte Königsstadt Angoulême in Westfrankreich. Dort war Louis Antoine de

Bourbon zu Hause, ein Königssohn, der selbst zwar nie König wurde, der aber nach Napoleons Zwischenspiel im Jahre 1814 Ludwig XVIII. zum König ausrief, die alte Monarchie also wiederum begründen wollte. Angoulême führt noch heute eine Krone im Wappen. Nostradamus läßt diese Stadt wohl symbolisch für das königstreue Frankreich stehen – oder er will sogar andeuten, daß der Retter Europas aus altem französischen Adel kommt.

Der 11. August 1999, so will uns der Seher also sagen, bedeutet nicht Untergang, sondern Hoffnung.

Die zweite Erklärung: Ankündigungen für die Zeit nach dem 11. August 1999 werden selten. Sie sind summarisch und zeichnen nur noch die große, allgemeine Entwicklungslinie, ohne weiterhin wie bisher ins Detail zu gehen. Als Grund für diese Besonderheit gibt der Prophet an: Weissagungen für das 21. Jahrhundert und später sind überflüssig, weil dann die »Unwissenheit aufgehoben sein wird«, womit er meint, die Menschen wären dann in der Lage, selbst in die Zukunft zu blicken: Es wird »alles klar sein«.

Es gibt für den Menschen des ausgehenden 20. Jahrhunderts und des zweiten Jahrtausends ein weiteres, sehr gewichtiges Argument, das die Prophezeiungen des Nostradamus ebenso wie alle anderen gewichtigen Voraussagen in unsere Tage verweist: Wenn ein Zusammenstoß der Erde mit einem anderen Himmelskörper angekündigt wird, dann kann sich dieser bestenfalls noch in den nächsten 50 Jahren ereignen. Danach werden die Menschen in der Lage sein, sich vor solchen Gefahren wirksam zu schützen. Die Pläne für solche Rettungsmaßnahmen liegen bereits fertig in den Schubladen der Wissenschaftler. In Kürze werden sie verwirklicht werden können.

Die prophezeiten Einzelheiten sehen nun folgendermaßen aus. Zunächst das, was sich auf der Erde abspielen soll.

Die beiden neuralgischen Punkte sind bereits erwähnt: Ägypten und die Türkei. Über sie, so kündigt der Seher an, wird der »Orient« losschlagen.

Ein anderer Vers gibt weitere Hinweise:

> *Die Synagoge – unfruchtbar und ohne Nutzen –*
> *wird aufgenommen zwischen den Ungläubigen von*
> *Babylon, der Tochter der Verfolgung.*
> *Sie wird armselig und traurig sein, wenn man ihr die Flügel*
> *abschneidet.«*

(CENTURIE VIII/96)

Als Nostradamus das niederschrieb, gab es seit nahezu 1500 Jahren keinen Staat Israel mehr, keinen Tempel in Jerusalem, keine Heimat für das jüdische Volk, das in alle Welt zerstreut war.

Die Vorstellung, es könnte jemals wieder ein neues Israel gegründet werden, war geradezu absurd. Dort, wo früher die Juden gewohnt hatten, waren seit Jahrhunderten andere zu Hause.

Die Synagoge steht in diesem Vers für das jüdische Volk. Und Nostradamus sagt voraus, was tatsächlich Wahrheit geworden ist: Es gibt wieder einen jüdischen Nationalstaat. Mitten zwischen arabischen Staaten.

Babylon, das sind die arabischen Völker. Bereits im Vorwort an König Heinrich II. hatte es geheißen: »Zugleich aber wird mit dem Aufschwung des neuen Babylons die miserable Tochter aufgeblasen durch den Greuel des ersten Holocausts. Doch wird sie nur 73 Jahre bestehen.« Israel, so sieht Nostradamus voraus, wird schweren Zeiten entgegengehen. Man wird dem Staat »die Flügel abschneiden«, das heißt, dem Volk seine Souveränität nehmen, so daß es zum Gefangenen im eigenen Lande wird. Anders läßt sich dieser bittere Vers wohl nicht deuten.

Aber Nostradamus sagt noch mehr: Er erinnert an einen ersten Holocaust und daran, daß er andere zu Nachahmung anreizt. Steht dem Volk Israel ein neuer Gang in Konzentrationslager und Gaskammern bevor?

Das Wort Holocaust hat erst in unseren Tagen seinen grauenvollen Klang bekommen.

Nostradamus nennt Israel »unfruchtbar und ohne Nutzen«. Wörtlich heißt es: steril und ohne jede Frucht, also eine Unfruchtbarkeit in doppelter Hinsicht. Das bezieht sich ganz gewiß nicht auf das Land, sondern auf die Entfaltung des Volkes: die erste, vielbewunderte Pionierzeit ist vorüber. Die Unterstützungen von außen, die begeisterte Anerkennung dieser so tüchtigen, wehrhaften Menschen, ist abgeflaut, das Volk selbst in sich zerstritten. Kaum einer der ehemaligen Freunde Israels wagt sich mehr, sich rückhaltlos zu diesem Volk zu bekennen – aus Rücksicht auf arabische Staaten, die das übelnehmen und den Ölhahn zudrehen könnten. Wieder einmal ist der Jude allein und isoliert.

In diesem Zusammenhang darf man eines nicht vergessen: Bei nahezu allen alttestamentarischen Propheten befindet sich der Hinweis, die Endzeit werde nicht anbrechen, ehe es nicht wieder einen jüdischen Staat »im Lande der Väter« gibt. Rund 2000 Jahre lang brauchte man sich deshalb keine Gedanken über den Weltuntergang zu machen: es gab ja keinen jüdischen Staat.

Seit dem 14. Mai 1948 ist das anders.

Ist dies das erste Anzeichen dafür, daß etwas Umwälzendes auf uns zukommen wird?

Wenn die Gründung des Staates Israel aber das Signal gewesen sein sollte: aufgepaßt, jetzt ist eine Ära zu Ende gegangen, und jetzt kommt etwas ganz Neues – wenn das so ist, dann wird die Bedrängnis Israels, seine Unterwerfung durch die Araber zur Fanfare: Jetzt kommt das, was seit eh und je das Hauptthema aller Prophezeiungen gewesen ist – das eigentliche Anliegen des Nostradamus:

die »Vollendung« der Zeit. Das »Arabische Imperium« wird aber 73 Jahre und 7 Monate dominieren – also bis in die Mitte des nächsten Jahrhunderts. Bis dahin wird es, wenn Nostradamus recht behält, zwei Kriege geben.

ANGRIFF AUF DEN ASSUAN-STAUDAMM?

Es gibt weitere »Zeichen«, die uns ans Herz gelegt werden und die wir beachten sollten:

> *»Vor dem Konflikt wird die große Mauer fallen.*
> *Der Große stirbt – ein zu plötzlicher und beklagenswerter Tod.*
> *Die Flotte ist unvollständig. Die meisten Schiffe sind unterwegs.*
> *Vom Fluß des Blutes wird das Land getränkt.«*
> (CENTURIE II/57)

Diese Voraussage ist vielfach auf das Attentat von Sarajevo gedeutet worden. Der »Große« wäre dann der österreichische Thronfolger Erzherzog Franz Ferdinand gewesen, dessen Ermordung den Ersten Weltkrieg auslöste. Damals war tatsächlich die Aufrüstung der deutschen Flotte noch nicht abgeschlossen.

In diesem Vers ist jedoch vom Einsturz einer großen Mauer die Rede oder von ihrer Beseitigung. Man könnte daran denken, wie das Rudolf Putzien in seinem Buch *Nostradamus, Weissagungen über den Atomkrieg* vermutet, daß damit die Mauer von Berlin gemeint ist. Dann müßte ihr Abbruch oder ihre gewaltsame Beseitigung als Alarmzeichen verstanden werden.

Wahrscheinlicher ist allerdings, daß die Bombardierung eines großen Staudamms zum auslösenden Ereignis des Dritten Weltkrieges werden wird. Zu denken ist etwa an den Assuan-Staudamm in Ägypten. Womit wir wieder beim Ausgangspunkt: Ägypten/Türkei wären.

Wenn Nostradamus vom Tod eines Großen spricht, dann meint er den Papst oder einen herausragenden Staatsmann, etwa den französischen Herrscher. In diesem Fall muß man vielleicht auch die Ermordung des ägyptischen Staatspräsidenten Anwar el Sadat in Erwägung ziehen.

DIE ERSTEN RAKETEN — AUS DEM OSTEN

Und noch ein Hinweis, der an Deutlichkeit kaum etwas übrigläßt:

> *Die Götter offenbaren den Menschen, daß sie die*
> *Anstifter des großen Konfliktes sind:*
> *Wenn am wolkenlosen Himmel Speere und Lanzen gesehen*
> *werden, wird nach links hin der größte*
> *Konflikt gesehen.«*
>
> (CENTURIE I/91)

Dieser Vers verrät die Fassungslosigkeit des Propheten: Er sieht etwas, das er sich überhaupt nicht erklären kann. Hoch am Himmel, weit über den Wolken schwirren »Lanzen« und »Speere« dahin. Nostradamus konnte sich nicht vorstellen, daß so etwas von Menschenhand stammen könnte. Deshalb auch der Hinweis: Gott zeigt an, daß er selbst der »Anstifter«, der Urheber dieses Konfliktes ist.

Bei den Waffen am Himmel handelt es sich jedoch offenbar um Raketen, um Kriegsflugzeuge, vielleicht sogar um Kampfsatelliten. Sie fliegen – und das ist keineswegs zufällig hier notiert, sondern das soll ein ernst zu nehmender Hinweis sein – von rechts nach links. Die ersten Atomraketen, so muß man schlußfolgern, fliegen von Osten nach Westen, denn auf jedem Atlas, auch auf dem Globus, ist der Osten rechts, der Westen links. Es gibt keine andere Deutung.

Das würde aber bedeuten: Rußland, die Sowjetunion, eröffnet den Krieg und versucht, den ersten vernichtenden Schlag auszuführen. Und wohin zielt dieser Schlag?

Möglicherweise gibt der nächste Vers Antwort auf diese Frage. Da heißt es nämlich:

> *»Erdbebenglut aus der Mitte der Erde läßt*
> *die Umgebung der neuen Stadt erzittern.*
> *Zwei Blöcke führen einen langen Krieg.*
> *Dann wird Arethusa einen neuen Fluß rot färben.«*
> (CENTURIE I/87)

Unwillkürlich denkt man zunächst an eine Naturkatastrophe, an ein schweres Erdbeben oder einen Vulkanausbruch, denn der Seher spricht vom »Feuer aus der Mitte der Erde«. Doch die nächsten Zeilen korrigieren: Es gibt einen langen Krieg zwischen zwei Blöcken. Was mit den Blöcken gemeint ist, das wissen wir seit dem letzten Weltkrieg: Es gibt den Ostblock und die westlichen Staaten.

Damit bekommt der Anfang des Verses aber eine neue Bedeutung: Das, was sich in der »neuen Stadt« ereignen wird, ist nicht nur eine oberflächliche Katastrophe, ausgelöst durch Bomben oder Granateinschläge, kein gewöhnliches Erdbeben, sondern etwas, das so schlimm wird, daß dabei die Gluten der Tiefe entfesselt werden. Nicht nur die Stadt selbst, sondern auch ihre Umgebung wird zum Beben gebracht.

Der Seher, der diese Katastrophe schaut, ist sprachlos vor der Ungeheuerlichkeit des Schreckens. Wir wissen heute: Hier wird auf ganz einfache Weise eine Atombombenexplosion geschildert, an der gemessen Hiroshima und Nagasaki Kleinigkeiten gewesen sein müssen. Die Explosion reißt die Erde auf, löst eine Naturkatastrophe aus, wie sie die Menschen noch nie erlebt haben.

Welche »neue Stadt« aber könnte gemeint sein? Alles deutet auf New York, die Stadt, die das Wort »neu« (new) im Namen trägt. So ist das bisher auch von den meisten Nostradamus-Interpreten verstanden worden.

Der Prophet selbst gibt in diesem Vers noch einen Hinweis, der das stützt mit dem Kunstwort »Arethusa«.

Arethusa, so nannten die alten Griechen Quellen. Auch eine Nymphe trug diesen Namen, die auf der Insel Syrakus wohnte. Der Flußgott Alphos war in sie so unsterblich verliebt, daß er sie im Meer bis nach Sizilien verfolgte.

Daß Nostradamus ausgerechnet diesen Namen gewählt hat, das zeigt erneut seine hohe Bildung und die Meisterschaft seiner Sprache. Wer im Mittelalter von einem Vulkan sprach, der dachte an den Vesuv bei Neapel oder an den Ätna auf Sizilien. Die sizilianische Nymphe steht also für den feurigen Fluß der Lavamassen, die aus der Mitte der Erde und aus der Tiefe des Meeres hervorbrechen werden.

Aber das ist nicht alles. Das Wort dient Nostradamus wiederum als doppelsinniger Begriff, ja als Wort, das zugleich drei Ereignisse anspricht. Das erste ist genannt: Die Zerstörungskraft ist so groß, daß Lavamassen die Oberfläche der Erde überfluten.

Das zweite und dritte findet sich, sobald man das Wort Arethusa in seine beiden Bestandteile zerlegt: Areth – das ist hebräisch und heißt die Erde. Übrig bleibt: USA, die Kurzformel für die Vereinigten Staaten von Amerika.

Mit anderen Worten: Nostradamus will uns erklären: Der Krieg der beiden Blöcke ist nicht begrenzt auf zwei Staaten, sondern es handelt sich um einen erdumspannenden Krieg, einen Weltkrieg. Die »neue Stadt«, die zerstört wird, liegt in den Vereinigten Staaten.

Daß diese Auslegung richtig ist, das belegt ein weiterer Vers, der dasselbe Ereignis beschreibt, aber etwas deutlicher wird:

»Beim 45. Breitengrad wird der Himmel brennen.
Das Feuer nähert sich der großen neuen Stadt.
Plötzlich springt eine riesige, himmelhohe Flamme hoch,
wenn man die Normannen auf die Probe stellen will.«

(CENTURIE VI/97)

In diesem Fall setzt Nostradamus zum Wort neu noch das Wort groß, doch wohl um anzudeuten, daß es sich nicht um irgendeine x-beliebige neue Stadt, sondern um eine namhafte, große Stadt handeln wird. Und er gibt den Breitengrad ihrer Lage zusätzlich: 45. Breitengrad. New York liegt zwischen dem 40. und 45. Breitengrad. Das Feuer, das hier geschildert wird, müßte also nördlich der Stadt ausbrechen und dann auf die Stadt zuziehen.

Die Schilderung zwingt wiederum das Bild eines Atomangriffs auf: Ein erster Bombeneinschlag wird von New York aus noch beobachtet. Der »Himmel brennt«. Während die Bevölkerung der Riesenstadt in Panik dabei ist, in den Süden zu fliehen, geht in der Stadt selbst ein Atompilz hoch. Treffender, in so knappen Sätzen, könnte man eine so schreckliche Katastrophe kaum schildern.

Bliebe noch der Begriff Normannen, die auf die Probe gestellt werden sollen: Wenn Nostradamus von den Amerikanern spricht, die es zu seiner Zeit, wenige Jahrzehnte nach der Entdeckung des Kontinents, nur als Indianer gegeben hat, dann nennt er das Volk den »großen Neptun«, was soviel heißen soll wie »große Seestreitmacht«. England trägt als Inselvolk dieselbe Bezeichnung, aber ohne den Zusatz »groß«.

Manchmal spricht Nostradamus auch von den »Normannen« – und damit meint er zweifellos ebenfalls die Amerikaner –, als hätte er gewußt, daß bereits der Normanne von Grönland, Leif Eriksson, den Kontinent entdeckt hat, Jahrhunderte vor Columbus.

In diesem Vers steckt wohl die Ankündigung, daß der erste Atombombenschlag gegen Amerika eine Art Warnschuß darstellen soll: Der Gegner will herausfinden, wie groß die Verteidigungsbereitschaft des amerikanischen Volkes ist.

ES PASSIERT UM DAS JAHR 2000

Am Rande nur sei erwähnt, daß Johannes in der Apokalypse, Kapitel 16, ebenfalls vom »Auseinanderbrechen der großen Stadt« spricht, mit dem Hinweis, die Blitze, Donnerschläge, Beben wären so fürchterlich, wie es Menschen zuvor niemals erlebt hätten. Die Stadt berste in drei Teile.

Und Edgar Cayce (1877–1945), der zeitgenössische »schlafende Prophet« aus Kentucky, ein Medium, das Tausende Leute heilte, indem es in Trance deren Krankheiten ermittelte und die passenden Medizinen dazu, sagte ebenfalls den Untergang New Yorks voraus. Und zwar werde es vor 1999 geschehen.

Die Zeitangabe findet sich bei Nostradamus einmal so:

»Nach der großen Aufregung für die Menschen nähert sich eine noch größere.

Der große Beweger erneuert die Jahrhunderte.

Regen, Blut, Milch, Hunger, Eisen und Pest.

Am Himmel sieht man Feuer in langen Funken dahineilen.«

(CENTURIE II/46)

Sofort springt die Formulierung ins Auge: »Der große Beweger erneuert die Jahrhunderte«. Es heißt nicht etwa das Jahrhundert, somit kann also keine gewöhnliche Jahrhundertwende gemeint sein, sondern eine Jahrtausendwende: die Zeit um das Jahr 2000.

Mit dem Krieg verbunden sind ungewöhnliche Naturkatastrophen: ein Regen, der rotgefärbt ist wie Blut, ein anderer, der milchig vom Himmel fällt.

Und wiederum »Feuer in langen Funken«. Es eilt am Himmel entlang. Dabei kann man wieder an Kampfsatelliten denken, die sich gegenseitig im Weltraum zerstören. Möglich wäre aber auch ein schrecklich-schönes Naturschauspiel, von dem später noch zu reden sein wird.

Mit der eben überstandenen »großen Aufregung« wäre der Zweite Weltkrieg gemeint. Der dritte müßte um die Wende zum 3. Jahrtausend stattfinden.

NOCH GENAUER: 21. AUGUST 1987?

An anderer Stelle wird der Prophet mit seiner Zeitangabe deutlicher:

> *Der arabische Machthaber wird dann, wenn die*
> *Sonne, Mars und Venus im Sternkreiszeichen Löwe stehen,*
> *die Regierung der Kirche über das Meer hinweg beseitigen.*
> *Bei Persien stehen gut eine Million bereit,*
> *um mit Schlangen und Würmern*
> *in Byzanz und Ägypten einzufallen.«*
>
> (CENTURIE V/25)

Nicht von Russen und Amerikanern, sondern, wie zu Beginn, von Arabern ist die Rede, die die Türkei und Ägypten angreifen. Ausgangspunkt der riesigen Armee ist Persien. Das Ziel des Angriffs heißt eindeutig: Beseitigung des Christentums. Und das Vorhaben scheint zu gelingen. Über das Meer hinweg greifen die Truppen auf Europa, speziell auf Italien, über. Das dürfte der Augenblick sein, in dem die Russen Amerika vor der Einmischung abzuhalten versuchen, indem sie Atomwaffen einsetzen.

Die Formulierung »mit Schlangen und Würmern« lehnt sich an die Apokalypse des Johannes. Dort ist ebenfalls ein Überfall aus dem Raum Euphrat/Tigris angekündigt. Löwenköpfige Pferde mit Schwänzen, die Schlangen gleichen, richten fürchterlichen Schaden an. So schreibt Johannes im 9. Kapitel.

Nostradamus verwendet in seiner Schilderung die Abkürzung »ver. serp.«. Seit der Deutung durch Centurio: »Mit Schlangen und Würmern« gilt diese Übersetzung als die treffendste. Man nimmt an, daß der Seher auf einen Krieg mit neuen, vielleicht biologischen Waffen hinweisen wollte.

Auf jeden Fall scheint es sich um ein sehr wichtiges Datum zu handeln, denn Nostradamus gibt, entgegen seiner sonstigen Gewohnheit, eine berechenbare Zeitangabe: »Wenn Sonne, Mars und Venus im Sternkreiszeichen Löwe stehen.« Das ist ein astrologischer Begriff: Schon im Jahre 1942, also mitten im letzten Krieg, hat der englische Nostradamus-Forscher Lee McCann daraus den Beginn des Dritten Weltkrieges berechnet: 21. August 1987.

Und er könnte recht behalten.

Die Sonne befindet sich jeweils zwischen dem 23. Juli und 22. August im Sternzeichen Löwe. Wer in diesem Zeitraum Geburtstag hat, so sagt man, ist ein Löwe. Der Krieg müßte also im Juli oder August beginnen.

Mars und Venus treffen sich im Sternzeichen Löwe in diesem Jahrhundert noch dreimal:

zwischen dem 31. Juli und dem 22. August 1987,

am 23. und 24. Juli 1989

und zwischen dem 21. und 23. August 1998.

Wie später gezeigt wird, scheint das letzte Datum 1998 auszuscheiden, weil zu jenem Zeitpunkt die »arabische Invasion« bereits zurückgedrängt wird. Bleiben also noch die Jahre 1987 und 1989.

Wird der Dritte Weltkrieg im Hochsommer 1987 beginnen? Oder zwei Jahre später?

Dazu noch ein paar Angaben über Art und Verlauf des Krieges. Zunächst die fast sarkastische Feststellung des Franzosen Nostradamus an sein Heimatland: Du wirst einmal mehr schmählich versagen.

>*Ein in Europa einflußreicher libyscher Machthaber*
begeistert die Franzosen für die arabische Sache so sehr,
daß sich die Gelehrten herablassen,
die arabische Sprache ins Französische zu
übersetzen.«

(CENTURIE III/27)

Mit anderen Worten: Frankreich gerät mehr und mehr unter den Einfluß arabischer Kräfte, vor allem eines Mannes, der die Franzosen auf seine Seite zu ziehen vermag. Ist damit Staatschef Ghaddafi gemeint, oder kommt nach ihm einer, der sich noch wirkungsvoller in Szene zu setzen vermag? Der amerikanisch-libysche Zwischenfall im Frühherbst 1981, als ein libysches Flugzeug abgeschossen wurde, hat gezeigt, welche Gefahr von Libyen ausgehen könnte. Nicht umsonst betrachten die Amerikaner dieses nordafrikanische Land als den eigentlichen Unruheherd im Mittelmeerraum, als Ausbildungsstätte für Terroristen, ja als Kriegsgefahr.

Werden Persien und Libyen so mächtig werden, daß sich die Industrienationen letztlich doch gezwungen sehen, in ihren Schulen Arabisch als Fremdsprache einzuführen?

Nostradamus zeigt die Folgen auf:

>*Durch Zwietracht und Frankreichs Nachlässigkeit*
wird Mohammed der Zugang eröffnet.
Erde und Mittelmeer triefen von Blut.
Der Hafen von Marseille ist mit Segeln und Schiffen
vollgestopft.«

(CENTURIE I/18)

Bevor die europäischen Staaten noch recht begriffen haben, was sich abspielt, haben die Araber sämtliche Schlüsselpositionen ihrer Wirtschaft und Industrie übernommen. Sie werden zuerst alles aufkaufen, die Europäer werden für die Araber arbeiten dürfen. Der Schah von Persien hat damit begonnen, als er Aktien deutscher Unternehmen kaufte. Die Ayatollahs werden diesen Weg noch viel konsequenter fortsetzen.

Und Frankreich wird die Zeichen übersehen, die Situation verkennen, auf seinen Propheten nicht hören. Bis es zu spät sein wird: Die Araber landen mit riesigen Truppenverbänden und nehmen Europa endgültig in Besitz. Der Vers I/73 bekräftigt das noch einmal:

> *»Frankreich wird infolge seiner Nachlässigkeit von*
> *fünf Seiten angegriffen.*
> *Tunesien und Algerien sind von den Persern*
> *mithineingezogen. Leon, Sevilla, Barcelona gefallen.*
> *Die Italiener vermögen nicht zu helfen.«*
>
> (CENTURIE I/73)

Wiederum dasselbe Bild: Der bislang so zerstrittene Haufen arabischer Staaten wird sich doch noch zusammenfinden zum angekündigten »Arabischen Imperium«. Und dann werden die Araber mit vereinter Waffengewalt über Europa herfallen. Auch Spanien bleibt dabei natürlich nicht verschont. Italien ist so gut wie machtlos. Und nicht nur Italien.

DAS »KAMEL« TRINKT AUS DEM RHEIN

> *»Das Heilige Reich wird nach Germanien kommen.*
> *Der Islam findet offene Tore vor.*
> *Die Dummköpfe wollen auch die Wiedergeburt.*
> *Die Unternehmer sind alle unter Dach und Fach.«*
>
> (CENTURIE X/31)

116

Man erinnert sich: Die erste Zeile hat Adolf Hitler auf sich bezogen. Er glaubte, hier als der große Retter des Abendlandes angekündigt zu sein. Eine solche Deutung kann ihm nur einer gegeben haben, der die nächsten Zeilen nicht gelesen hat. Das »Heilige Reich« ist hier ohne Zweifel ironisch gemeint: Die Araber kommen im Namen ihres Propheten Mohammed nach Europa. Sie sehen in dem Unternehmen einen »heiligen Feldzug«. Und sie finden »offene Türen und Herzen« vor.

Nostradamus skizziert einen modischen Trend unserer Tage: das Aufleben des Glaubens an die Reinkarnation und die Übernahme östlicher Heilsbotschaften.

>*Um in der Donau und vom Rhein zu trinken,*
kommt das große Kamel.
Daran wird sich nichts ändern.
Zittern werden die Menschen an der Rhône
und noch mehr die an der Loire.
In der Nähe der Alpen wird der Hahn die Eindringlinge
vernichten.«
(CENTURIE V/68)

Das »Kamel«, das sind die Völker, in deren Länder das Kamel zu Hause ist, also Nordafrikaner, die Bewohner des Orients, vielleicht auch Asiens. Sie werden ganz Frankreich besetzen und terrorisieren, ebenso zumindest Teile Deutschlands. In der Nähe der Alpen sollen diese Eindringlinge dann vom »Hahn« vernichtet werden, Frankreich beziehungsweise der französische Retter wird die Oberhand gewinnen.

DER GROSSE HEINRICH RETTET EUROPA

Dieser Retter wäre dann der große »Chiren«, der am 11. August 1999 zur Macht kommt. Ihn stellt Nostradamus beispielsweise so vor:

>*Der hingeworfene Tod der ersten Person wird*
zum Wechsel führen. Er bringt einen anderen an die
Regierung.
Rechtzeitig und doch sehr spät, so hoch in so jungen Jahren!
Er wird dafür sorgen, daß Land und Meer ihn fürchten.«
(CENTURIE IV/14)

Das hört sich an, als würde der Präsident von Frankreich
im Jahre 1999 Selbstmord begehen oder ermordet werden.
Danach käme dann der starke Mann, den die Sonnenfinsternis anzeigt. »Rechtzeitig und doch sehr spät«: Die
Auseinandersetzungen mit den Arabern würden immerhin schon 10 beziehungsweise 12 Jahre andauern. »So
hoch in so jungen Jahren«: Dieser Chiren müßte in sehr
jungen Jahren schon an die Macht gelangen. Aus den
vielen, über zahlreiche Verse verstreuten Daten hat der
verstorbene Wiener Astrologe Dr. Wilhelm Kestranek als
Geburtstag für den neuen »Retter des Abendlandes« den
21. Januar 1981 errechnet. Als Geburtsort wird Le Mans
oder die nähere Umgebung angegeben. Es gibt in den
Weissagungen außerdem Andeutungen, er stamme aus
uraltem, französischem Adel. Im Jahre 1999 wäre Chiren
also erst 18 Jahre alt.

>*Ein Chef der Welt wird der Chiren sein.*
Über seine Tage hinaus wird er geliebt und gefürchtet
sein und wird man Angst vor ihm haben.
Sein Donnern und sein Ruhm werden die Zeiten
überdauern.
Mit dem einzigen Titel wird er sich zufriedengeben:
Sieger.«
(CENTURIE VI/70)

Nun haben wir also den Namen des großen Mannes
erfahren, der bereits irgendwo in Frankreich leben soll:
Chiren. In diesem Wort sehen nahezu alle Nostradamus-
Deuter ein Anagramm. Ordnet man die Buchstaben rich-

118

tig, dann kommt man auf den Namen Henric, also Heinrich. Nostradamus schreibt ihn manchmal mit einem i, manchmal mit einem y, also einmal Chiren, ein andermal Chyren.

Ganz offensichtlich handelt es sich um einen sehr entschlossenen, vielleicht sogar gewalttätigen Mann, einen, der Freunde und Feinde zum Fürchten bringt. Er wird sich nicht nur als großer Feldherr auszeichnen, sondern zugleich zum Oberhaupt einer neuen christlichen Kirche aufschwingen. Nostradamus gibt ihm, der zentralen Figur seiner Weissagungen, den Titel: Halbmondbesieger.

Doch er wird nicht nur gegen die Feinde von außen, sondern auch gegen einen fürchterlichen Tyrannen in Italien zu kämpfen haben.

DIE REVOLUTION IN ITALIEN

Damit erfahren wir von einer zweiten Ursache, die zum Krieg, zum vorläufigen Untergang der Kirche und zum fürchterlichen Blutvergießen führen wird: die Revolution der »Roten« in Italien.

> *»Während der behaarte Stern sich nähert,*
> *werden sich die drei Weltmächte verfeinden. Geschlagen*
> *vom Himmel werden Friede und Erde erzittern.*
> *Der Po und der Tiber treten über die Ufer.*
> *Die Schlange wird über Bord geworfen.«*
> (CENTURIE II/43)

Damit ist eine neue Zeitangabe gegeben: der »behaarte Stern«, das ist nur eine wörtliche Übersetzung des griechischen Wortes Komet. Ein Komet kündigt also die Zuspitzung der Lage an. Zu Silvester 1985 soll der Halleysche Komet im Sternbild Wassermann auftauchen und unserer Erde entgegensausen. Am 9. Februar 1986, so haben

Astronomen berechnet, wird der Komet der Sonne am nächsten kommen, zwei Tage später wird er der Erde begegnen.

Zu diesem Zeitpunkt, sagt Nostradamus, verfeinden sich die drei Großmächte. Damit können nur Amerika, die Sowjetunion und China gemeint sein.

MORDANSCHLAG AUF DEN PAPST

Gleichzeitig wird aber Italien von einer schweren Flut heimgesucht, die schreckliche Folgen haben wird: im Land bricht eine Hungersnot aus.

> *»Das Getreide wird nicht im geringsten mehr*
> *ausreichen. Der Tod kommt aus einem Schneefall,*
> *weißer als weiß. Unfruchtbarkeit, verfaultes Korn.*
> *Wasserschwall. Der Große ist verwundet.*
> *Mehrere Tote liegen zu seinen Füßen.«*
> (PRÉSAGE 113)

Diese Vorhersage trägt das Datum September: Die Hoffnungen auf eine neue Ernte werden unter einem fürchterlichen Schnee begraben.

Kein gewöhnlicher Schnee ist das, denn er ist weißer als weiß. Er läßt das Getreide verfaulen. Es wächst nichts mehr. Und dann kommt erneut Hochwasser. Die Lage ist zum Zerreißen angespannt.

Der »Große« wird verwundet: Anschlag auf den Papst. Es gibt Tote.

> *»Durch fremde Leute und durch die Römer*
> *selbst wird ihre große Stadt nach dem Wasser stark*
> *durcheinandergebracht. Ein Mädchen ohne*
> *Hand packt den Chef. Die Gitter haben sie nicht*
> *abhalten können.«*
> (CENTURIE II/54)

Kein Zweifel: die hungernden Bewohner sind aufgebracht – und sie werden zusätzlich aufgewiegelt, so daß sie schließlich zu allem entschlossen sind und selbst vor dem Papst nicht mehr haltmachen. Es kommt zu einer blutigen Revolution.

An dieser Stelle erinnert man sich an das Vorwort an Heinrich II., in dem es heißt:

> *Dann kommt zu allem eine noch schlimmere Seuche. Durch den vorausgegangenen Hunger wird sie noch erstaunlicher. Das Elend wird so groß sein, wie es seit der Gründung der christlichen Kirche keines gegeben hat. Es breitet sich über alle lateinischen Gegenden aus und verharrt mit seinen Spuren auch in spanischen Regionen...«*

Naturkatastrophen, Hunger, eine schwere Seuche – das alles endet in Mord und Totschlag. Der Volkszorn richtet sich gegen den Papst:

> *»Um die große verstörte Mütze abzufangen, um sie beiseite zu schaffen, machen sich die Roten auf. Vom Tod seiner Familie wird er fast überwältigt. Die Roten schlachten rot die Roten.«*
>
> (CENTURIE VIII/19)

In diesem Vers ist die ganze Erregung des Propheten zu spüren: »Die Roten schlachten rot die Roten.« Ein Wortspiel, in dem sich die schreckliche Bluttat sehr plastisch widerspiegelt. Die Roten – so nannte Nostradamus sonst die Kardinäle, die er persönlich nicht sehr schätzte. Sie hatten zu seiner Zeit mit der Inquisition zu tun und mischten nicht selten in der Politik mit.

Aber diesmal sind diese Roten die Opfer. Gegen sie »marschieren« die anderen Roten – und das sind nun jene, die wir heute so zu bezeichnen pflegen, Terroristen einer bestimmten politischen, radikalen Richtung. Nostradamus verwendet, um sie zu charakterisieren, das Wort »marcher«, marschieren. Sie dringen in den Vatikan ein, bringen Wachen und Priester und Bischöfe um und versuchen, den Papst zu entführen oder vielleicht auch zu ermorden. Dabei richten sie ein fürchterliches Blutbad an. Der Papst wird vom Schmerz beinahe überwältigt, als er das ganze Ausmaß des Mordens erfährt. »Seine Familie«, das sind in diesem Fall die engsten Mitarbeiter und Vertrauten, die im vatikanischen Sprachgebrauch die »päpstliche Familie« heißen.

Noch ein Vers verdeutlicht die Situation:

> *»Jener, der die cappa magna trägt, soll*
> *zur Hinrichtung geführt werden.*
> *Die 12 Roten werden kommen, seinen Mantel zu*
> *beschmutzen. Dann löst ein Mord den anderen aus.«*
>
> (CENTURIE IV/11)

Die »Magna cappa« ist ein dem Papst vorbehaltenes Kleidungsstück. Der Papst selbst soll also verurteilt, vielleicht sogar öffentlich hingerichtet werden. Wir erfahren keinen Zeitpunkt, aber wiederum ist die Rede von »Roten«, die den Anschlag planen und auch durchführen. Und zwar sollen 12 Personen beteiligt sein.

Diese Zahl ist deshalb interessant, weil sie bei der wohl bedeutendsten Seherin des 19. Jahrhunderts, bei der stigmatisierten Ordensfrau Anna Katharina Emmerich (1774–1824) ebenfalls auftaucht. Diese Frau, deren Visionen vom Dichter Clemens von Brentano dichterisch verarbeitet wurden, sah im Zusammenhang mit dem Untergang der Kirche 12 Männer, die im Hintergrund wirken, gewissermaßen als die »Chefideologen« der neuen Bewegung. Sie schreibt wörtlich: »Unter den Volksmassen sah ich 12 neue apostolisch tätige Männer, die ohne gegenseitige Verbindung durch Schriften wirken und von anderen bekämpft werden. Dann vergrößert sich die Partei der 12 immer mehr. Nun sah ich aus der Stadt Gottes einen Blitzstrahl über den finsteren Abgrund fahren...«

Man darf mit Sicherheit davon ausgehen, daß Anna Katharina Emmerich den Michel Nostradamus nicht gekannt hat. Seine Schriften standen seit 1781 auf dem Index der verbotenen Bücher. Trotzdem verwendet sie dieselben Begriffe und Formulierungen wie Nostradamus. Bei ihr sind es 12 Hintermänner, bei ihm auch. Er spricht von Parteien und Sekten, sie auch. Er setzte den ungewöhnlichen Ausdruck: apostolische Verfolgung, sie tut es ebenso.

DREI JAHRE KIRCHENVERFOLGUNG

Die Kirchenverfolgung, die von Rom ausgeht, so erfahren wir bei Nostradamus, wird drei Jahre dauern. Der erste Anschlag auf den Papst scheint zu mißlingen, doch kurz später ist das Oberhaupt der katholischen Kirche verschwunden.

Niemand weiß, ob er entführt wurde, ob er fliehen konnte, ob er überhaupt noch am Leben oder bereits tot ist. Diese große Verwirrung unter den Gläubigen führt letztlich zum vorläufigen Ende der Kirche.

Die Revolution macht auch vor der staatlichen Gewalt nicht halt:

> *»Durch die Überschwemmung und die schwere*
> *Seuche ist die große Stadt für lange unbewohnbar.*
> *Wache und Garde überfallen den Prinzen mit*
> *Mordabsicht, ohne ihn wirklich zu verletzen.«*
>
> (CENTURIE IX/82)

Wiederum: Überschwemmung, Krankheit, möglicherweise auch radioaktive Verseuchung – und dann Revolution. Mit Prinz ist diesmal wohl nicht der Papst, sondern das italienische Staatsoberhaupt oder der Regierungschef gemeint. Die eigene Garde geht gegen die Staatsgewalt vor. Der Mordanschlag mißlingt.

DER ITALIENISCHE DIKTATOR MIT DEM KRAUSBART

Das totale Chaos mit Mord und Totschlag bringt schließlich einen Diktator hervor. Nostradamus schildert diesen Mann in allen Einzelheiten: Er kommt aus Siena und ist überaus eitel, selbstgefällig, aber auch brutal. Er läßt sich seinen schwarzen Bart mit Dauerwellen lockig machen. Zuerst schafft er Ordnung im Land, indem er die Araber zurückdrängt und die Terroristen ausschaltet. Dann gründet er eine neue Religion. Seine Gewalttaten werden schließlich so schlimm, daß die europäischen Staaten, allen voran Deutschland, Frankreich und England, sich zusammenfinden, um ihm das Handwerk zu legen. Einer seiner Gegner wird »Broncebart« genannt, offensichtlich eine Anspielung auf Kaiser Rotbart – und somit ein Hinweis, daß ein deutscher Herrscher gemeint ist.

Der »schwarze Krausbart«, der italienische Diktator, wird schließlich von seinen eigenen Leuten ermordet, die seiner Gewaltherrschaft überdrüssig sind und den Glauben an ihn verloren haben.

Hier nur zwei Verse, die sich auf »Diktator Krausbart« beziehen:

> *Der schwarze Dauerwellen-Krausbart wird das*
> *grausame und stolze Volk unterwerfen.*
> *Ein großer Hund wird die Gefangenen unter dem*
> *Banner der Muselmänner in weiter Ferne wegführen.«*
> (CENTURIE II/79)

Das mit einer Maschine lockig gemachte Haar – so heißt die Übersetzung wörtlich. Der Diktator kämpft gegen die Araber, denn sie sind, wie aus anderen Versen hervorgeht, das »grausame und stolze Volk«. Der große Hund, das könnte ein anderes Anagramm für den großen Chiren sein: Hund = chien. Die beiden, der französische Machthaber und der italienische Diktator, würden also zunächst miteinander zusammenarbeiten, um schließlich gegeneinander anzugehen:

> *»Ihr Leute aus der Gegend von Tarn, Lot und der Garonne:*
> *Hütet euch davor, die Apenninen zu überqueren.*
> *Eure Gräber liegen bei Rom und bei Ancona.*
> *Der ›schwarze Krausbart‹ wird dort seine Siegesfahnen*
> *aufstellen.«*
>
> (CENTURIE III/43)

Mit der Aufzählung von drei Flüssen in Südwestfrankreich bezeichnet Nostradamus die Heimat der französischen Soldaten, die in Italien den Heldentod im Kampf gegen den italienischen Tyrannen sterben müssen. Zuerst jedenfalls scheint dieser Tyrann siegreich zu sein. Doch am Ende muß er unterliegen.

Über die Religion, die er als Staatsreligion einsetzt und die das Christentum ersetzen soll, teilt der Seher recht deutliche Einzelheiten mit:

> *»Ohne Ende sind emporgehobene Körper mit dem Auge*
> *wahrnehmbar. Entrücktheit durch Gedankenkräfte wird es*
> *geben. Den Körper nach vorne gebeugt. Sinne, Chef und*
> *Unsichtbarkeit vermindern die heilige Andacht.«*
>
> (CENTURIE IV/25)

Das kommt doch sehr bekannt vor: Schon jetzt versuchen indische Gurus, ihre Anhänger mit Hilfe der »Transzendentalen Meditation« dahin zu bringen, daß die Schwerkraft durch den Geist aufgehoben wird. Asiatische Meditation, fernöstliche Glaubensvorstellungen und Yoga werden demnach den christlichen Glauben mehr und mehr verdrängen und ersetzen. Die Anhänger der neuen Religion lernen, wie man sich in die Höhe erhebt und ohne jedes Hilfsmittel davonschweben kann. Bekanntlich haben manche Heilige im Mittelalter diese »Kunst« der Levitation beherrscht, ebenso wie die Yogi in Indien es fertigbringen.

Das fürchterliche Ende: Rom wird so gründlich zerstört, daß »kein Stein auf dem anderen bleibt«.

>*Die große Stadt wird völlig verödet sein.*
Von den Einwohnern wird keiner überleben.
Die Mauer, Geschlechter, Tempel und
Madonna vernichtet.
Durch Schwert, Feuer, Pest, Kanonen stirbt das Volk.«
(CENTURIE III/84)

Das deutet nicht auf eine Naturkatastrophe, sondern auf Krieg. Es ist die Rede vom Schwert und von Kanonen, von Feuer – und von einer Seuche, die in der Stadt ausbrechen wird.

Kein Zweifel: hier wird ein Atomangriff geschildert. Es gibt so gut wie keinen Überlebenden. Alles, was Rom zur »Ewigen Stadt« gemacht hatte, wird weggewischt sein: die Mauern, die Kirchen, die Kunstschätze. Alles. Man denkt hier an eine uralte Prophezeiung vom Untergang Roms durch Jeremias. Er schrieb: »Auf jedem Gesicht Verzweiflung, auf allen Köpfen Glatzen...« (Jeremias, 7. Kapitel). Wir wissen von den Menschen, die den Atombombenabwurf von Hiroshima zunächst überlebten und glaubten, der Hölle entronnen zu sein. Plötzlich schlug der Strahlentod doch noch zu: Die armen Leute verspürten große Übelkeit. Dann löste sich die Haut von ihren Körpern. Die Glieder schwollen dick an und verfärbten sich. Büschelweise fielen ihnen die Haare vom Kopf.

GIBT ES EINEN SIEGER?

Wir dürfen leider nicht hoffen, das zeigen solche grauenvollen Schilderungen, daß Europa vom nächsten, vernichtenden Schlag »ausgespart« bleibt, daß sich Amerika und die Sowjetunion vielleicht über unsere Köpfe hinweg befehden und vernichten. Losgehen wird es, so warnt Nostradamus, im Mittelmeerraum. Schlimm wird es vor allem dann, wenn die große Flut Italien so sehr unter Wasser setzt, »daß nicht einmal mehr die Baumspitzen herausschauen«. Aber dann werden wohl auch schon die »Blöcke« gegeneinander prallen.

Und wer wird gewinnen?

> *»Nach dem Kampf und der Seeschlacht ist der große*
> *Neptun ganz oben.*
> *Der rote Gegner wird vor Angst erbleichen,*
> *wobei er den Großen Ozean in Schrecken versetzt.«*
>
> (CENTURIE III/1)

Das hört sich an, als würde der nächste Krieg auf dem Meer entschieden – vielleicht sind die Atom-U-Boote die Waffe, die letztlich den Ausschlag gibt.

Der »rote Gegner«, das steht in diesem Vers tatsächlich wortwörtlich so da, obwohl rot als Bezeichnung einer politischen Richtung oder Gesinnung vor 400 Jahren noch völlig unbekannt war.

Der Große Ozean ist wohl nicht der Stille, der größere der beiden Ozeane, sondern der Ozean ganz allgemein. Der »rote Gegner« wird beim Versuch, die amerikanischen Atom-U-Boote auszuschalten, das Meereswasser verseuchen, vielleicht sogar noch Schlimmeres anrichten.

DIE SOLDATEN LASSEN DEN »LEOPARD« STEHEN

Der Krieg wird aber nicht bis zum bitteren Ende und zur völligen Unbewohnbarkeit der Erde fortgesetzt, so erklärt uns Michel Nostradamus. Da passieren nämlich nun Dinge rund um die Erde herum, im Weltraum an den Sternen, an der Sonne, daß die Menschen zutiefst erschrecken, ihre Panzer stehenlassen und nach Hause eilen. So muß man zumindest folgende Weissagung deuten:

> *»Wenn die Sonne im dritten Monat aufgeht, Eber und*
> *Leopard kämpfen miteinander auf dem Schlachtfeld,*
> *da läßt man den Leopard stehen und blickt zum Himmel:*
> *Man sieht einen Adler um die Sonne tanzen.«*
>
> (CENTURIE I/23)

Während einer Schlacht im Monat März sehen die Soldaten plötzlich: Mit der Sonne stimmt etwas nicht. Irgend etwas, das aussieht wie ein Adler, kreist um die Sonne, verdunkelt sie zeitweise, verschwindet und taucht erneut auf.

Dieses Naturschauspiel, so muß man annehmen, versetzt die Soldaten so sehr in Schrecken, daß sie weglaufen. Sie ahnen: Jetzt kommt noch Schlimmeres auf die Menschen zu, als es der Krieg bislang schon gewesen ist.

Das ist aber die andere Seite der Weissagungen des Michel Nostradamus: Neben dem Durcheinander unten auf der Erde gibt es eine »Revolution«, folgenschwere Veränderungen am Himmel.

Die Sonne beginnt zu glühen
Drei Tage herrscht absolute Finsternis
Und dann beginnt die Erde zu torkeln

DIE KOSMISCHEN KATASTROPHEN — VER-
SCHLIMMERT DURCH MENSCHLICHE UNVERNUNFT

Wenn von Michel Nostradamus gesprochen wird und davon, was die kommenden Jahre uns entsprechend seiner Voraussagen bringen sollen, dann erschöpfen sich die meisten Interpretationen in der Darstellung des Dritten Weltkrieges, als wäre danach sowieso alles zu Ende.

Doch, bei allem Schreck, der in solchen Versen über feindliche Auseinandersetzungen und wahnsinnige Zerstörungen steckt: das, was über das »Durcheinander am Himmel« und die Folgen für das Leben auf der Erde vorausgesagt wird, übertrifft alles andere bei weitem.

Nostradamus läßt keinen Zweifel daran aufkommen: Aus dem Weltraum droht der Erde ein verheerendes Unglück. Daß es so unvorstellbar grauenvoll wird, daran seid ihr Menschen aber selbst schuld. Denn ihr habt so gelebt und so getan, als wäre eine kosmische Katastrophe niemals möglich. Und ihr habt die Erde explosiv gemacht, als hätte niemals zuvor ein Erdbeben, ein Hurrikan, eine Überschwemmungskatastrophe stattgefunden.

> *»Ihr seht bald und doch zu spät, wie die große*
> *Veränderung sich vollzieht.*
> *Extreme Schrecken und Verfolgungen, als ob der*
> *Mond von seinem Engel geholt würde.*
> *Der Himmel nähert sich Verschiebungen.«*
> (CENTURIE I/56)

Erinnern wir uns an das Vorwort an den Sohn Cäsar. Dort kündigt Nostradamus an, daß unter den Wissenschaftlern eine erregte und unergiebige Diskussion darüber angestellt werden wird, was wohl mit dem Klima, mit dem Wetter, mit den bislang harmonischen Kräften in unserem Sonnensystem passiert ist. Und dann spricht Nostradamus von einem »weltweiten Aufruhr«. Aber er meint keinen Krieg und keinen Terror, sondern Naturkatastrophen:

> *Die Überschwemmungen und die Fluten werden so hoch sein, daß es kaum mehr ein Gebiet geben wird, das nicht mit Wasser bedeckt wäre. Und das wird so lange dauern, daß alles verloren zu sein scheint.*
> *Vor diesen Ereignissen aber und ebenfalls nach der Riesenflut wird es in verschiedenen Gebieten so wenig regnen, und riesige Mengen von Feuer und herabstürzenden Steinen werden vom Himmel fallen, daß dort keiner bleiben könnte, ohne erschlagen zu werden.«*

Man denkt unwillkürlich an eine neue Sintflut. Man spürt aus der Schilderung: Es muß etwas Entsetzliches passiert sein, daß plötzlich Felsbrocken, Steine vom Himmel regnen, daß Feuer aus der Luft herabfällt, während andernorts das Wasser ganze Länder verschlingt.

DIE PLANETEN-KONSTELLATION VON 1982

Nostradamus läßt uns nicht im unklaren darüber, wo die Ursache der Katastrophe zu suchen ist. Im selben Vorwort sagt er nur ein paar Sätze später:

> *Die Sterne vereinigen sich zu einer Umwälzung...«*

Die Katastrophe beginnt mit einer besonderen Sternenkonstellation. Die Planeten »treffen«, versammeln, vereinigen sich. Das heißt: sie befinden sich, von der Erde aus gesehen, alle im selben Sternbild, so würde es der Astrologe bezeichnen. Anfang Dezember 1982 hat sich Jupiter als der letzte zu dieser »Versammlung« eingefunden. Dann sind alle Himmelskörper im Sternkreiszeichen Schütze: die Sonne, Neptun, Jupiter, Venus, Merkur. Mars steht im benachbarten Zeichen Steinbock. Er war im Oktober im Zeichen Schütze gewesen und entfernt sich langsam wieder. Nur Pluto, nach Merkur der kleinste und der fernste Planet, wandert ein wenig abseits. Er hält sich im Zeichen Waage auf. Er ist erst 1930 überhaupt entdeckt worden. Nostradamus hat ihn also nicht gekannt und nicht einbezogen.

Wenn wir im Herbst 1982 am Himmel unsere Nachbarplaneten suchen, dann finden wir sie immer rund um die Sonne versammelt, Merkur und Venus zwischen Erde und Sonne, die anderen alle hinter ihr – und das alles in einer nahezu geraden Linie, als wären alle Planeten und die Sonne wie Perlen an einer Kette aufgereiht.

Diese Konstellation war für Nostradamus nicht von der Himmelsmechanik her interessant – sondern als astrologisches Zeichen. Er hat sich nicht gefragt, ob bei einer solchen Stellung die Erde oder ein anderer Planet aus der Bahn geworfen wird, sondern er sah nur das astrologische Gesetz: Alle Himmelskörper im Zeichen des Schützen, das bedeutet Veränderung, »Revolution«.

Die Astronomen und Geologen messen dieser Planetenstellung keine besondere Bedeutung zu. Gewiß, normalerweise befinden sich die Kräfte am Himmel in einer ausgewogenen Harmonie. Durch die mächtige Anziehungskraft zwingt die Sonne alle Planeten, in elliptischen Bahnen um sie herum zu kreisen. Das tun sie schon seit Jahrmillionen. Die hohe Geschwindigkeit der Himmelskörper verhindert ihren Absturz auf die Sonne. Wäre das Tempo allerdings größer, dann könnte sich ein Planet umgekehrt aus der Fessel losreißen und in das Weltall hinaus rasen.

Aber diese »Bindung« an die Sonne ist nicht alles. Die Planeten beeinflussen sich auch gegenseitig. Und das ganz massiv. Weil die Satelliten der Sonne verschieden groß sind, verschieden schnell sich bewegen, auf unterschiedlich weiten oder engen Bahnen kreisen, ergeben sich ständig neue Kräftekombinationen am Himmel. Die Planeten ziehen einander gegenseitig an und zwingen sich damit gegenseitig zu veränderten Bahnen. Dank dieser Tatsache erst konnten die entferntesten Planeten, Neptun und Pluto, entdeckt werden. Aus den Bahnberechnungen ihrer Nachbarn hatten sich »Fehler« ergeben, die nur erklärbar wurden, wenn es da noch einen gab, der mitmischte. Und so war es dann auch.

Das bedeutet aber: Wenn alles tatsächlich so unmittelbar voneinander abhängt, dann muß die kleinste Störung dieses Zusammenspiels ernste Folgen haben – zumal sich zwischen den Planeten ja eine riesige Fülle anderer Himmelskörper dahinbewegt, darunter Brocken, die immerhin größer sind als unser Mond. Diese Planetoiden sind von der Ausgewogenheit der Himmelskräfte noch wesentlich abhängiger als die Planeten selbst.

Gewöhnlich sind diese ziemlich regelmäßig rund um die Sonne verteilt. Manchmal laufen zwei oder drei Sterne miteinander nahezu parallel, dafür sind aber andere dann genau entgegengesetzt.

Daß sich alle Planeten und die Sonne von der Erde aus gesehen in einer Richtung befinden, das ist ganz selten der Fall. Bisher, so sagen die Wissenschaftler, ist dabei niemals etwas wirklich Gravierendes passiert. Aber wird das auch 1982 der Fall sein?

Mit einer gewissen Besorgnis registrieren die Astronomen, daß sich ausgerechnet zu diesem Zeitpunkt die Sonne in besonders hektischer Aktivität befindet. Die Sonnenflecken erreichen 1982, wie alle elf Jahre, ein Maximum. Das bedeutet: verstärkte Strahlung, die sich auf der Erde bemerkbar machen wird – etwa durch

Bedrohung der Gesundheit des Menschen, durch ein Ansteigen von Herzinfarkten.

Der Direktor der Bochumer Sternwarte, Professor Heinz Kaminski, sagt zu der Sternkonstellation von 1982: »Dieses Ereignis hat es – auch in geschichtlicher Zeit – schon öfters gegeben, selbst mit der zusätzlichen Gegebenheit eines Sonnenfleckenmaximums, wie 1982. Doch es tritt hierbei auf jeden Fall ein Sonderzustand im Planetensystem ein, was die Gravitationsauswirkungen anbelangt. Direkte Auswirkungen (solcher Zustände) sind statistisch bisher insoweit mit Aufmerksamkeit verfolgt worden, als nach etwa 20 bis 25 Jahren – lokale – Naturkatastrophen auf der Erde bekannt sind im Gefolge solcher astronomischer Gegebenheiten, ohne aber bis heute wissenschaftlich deutbar oder erklärbar zu sein.«

Das heißt nichts anderes als: Wenn die Planetenkonstellation schlimme Auswirkungen haben sollte, dann werden wir sie nicht sofort bemerken. Die Erde wird nicht aus der Bahn herausgeschleudert und bereits 1983 in die Katastrophe stürzen. So schnell gehen die Uhren im Weltraum nicht. Es wird einige Jahre dauern, bis die Auswirkungen spürbar werden.

Das ist aber genau das, was Michel Nostradamus angekündigt hat: »Die Erde nähert sich Verschiebungen...« Es fängt mit »kleinen Veränderungen« an, die sich nach und nach zur eigentlichen Katastrophe steigern.

Wie riesig jene Kräfte sind, die alle Himmelskörper in ihren Bahnen halten, zeigen Ebbe und Flut. Bei seiner Umdrehung um die Erde zieht der Mond das Wasser der Ozeane wie eine Schleppe meterhoch hinter sich her, als wäre er ein riesiger Magnet. Wenn Mond und Sonne in derselben Richtung ziehen oder auch wenn sich beide Gestirne entgegengesetzt von der Erde befinden, kommt es auf der Erde zu den sogenannten Springfluten.

Aber das ist nicht alles. Exakte Messungen aus jüngster Zeit haben ergeben, daß sich auch die feste Erdkruste mit der stärkeren oder weniger starken Anziehungskraft der Gestirne ständig »verbiegt«. Die Alpen sind, wenn der Mond über ihnen steht, etwa fünf Zentimeter höher als ohne Mond.

Man kann sich leicht vorstellen, daß die extremen Belastungsproben für unsere Erde im Jahre 1982 keine Kleinigkeit darstellen. Letztlich wird alles davon abhängen, wie belastungsfähig der Planet in dieser Situation sein wird. Ist die Erdkruste gerade mit inneren Spannungen aufgeladen, die nur auf den letzten Anstoß warten, um bersten zu können, dann müßten geringste Kräfte von außen ausreichen, die Katastrophe auszulösen. Oder haben sich die brodelnden Kräfte im Erdinnern gerade Luft verschafft, so daß die Erde einigermaßen glimpflich davonkommt?

Außerdem: Wie sieht es mit anderen Himmelskörpern aus? Wird ein Planetoid in die Anziehungskraft der Erde hineingerissen? Kommt der Halleysche Komet der Erde so nah, daß er abstürzen muß?

Niemand kann die Frage zur Stunde beantworten. Nostradamus warnt jedoch: »Bald und doch zu spät« werden wir einsehen müssen, daß durch die Planetenkonstellation mehr durcheinandergeraten ist, als man zunächst annahm.

DAS WETTER WIRD IMMER SCHLIMMER

Die ersten Anzeichen, die zeigen, daß etwas anders ist, so mahnt der Seher, sind große Wetterkatastrophen, die nach und nach schlimmer werden, bis man schließlich nicht mehr weiß, ob nun eigentlich Sommer oder Winter ist. Am Nordpol wird es regnen, und das Mittelmeer wird alles zu Bein und Stein gefrieren lassen.

Hier nur ein paar Beispiele der zahllosen Ankündigungen:

>Hagel, Rostigkeit, Regen und große Landplage.
Die Frauen werden in Sicherheit gebracht. Sie verursachen
ein fürchterliches Geschrei.
Viele sterben an der Pest, durch Eisen, Hunger und Haß.
Am Himmel sieht man etwas, von dem man sagt, es
leuchte.«

(PRÉSAGE 112)

Und:

>Regen. Außergewöhnlich heftig und in Hülle und Fülle.
Das Vieh kommt um. Nur die Frauen sind außer Gefahr.
Hagel, Regen, Gewitter: das französische Volk liegt
am Boden.
Sie schinden sich zu Tode, um den Tod des Volkes
aufzuhalten.«

(PRÉSAGE 126)

Und:

>Die Flut bricht von Verona herab...«

(CENTURIE II/33)

Und:

>Riesiger Hunger durch die Pestwelle und
durch den langen Regen am Nordpol...«

(CENTURIE VI/5)

Und:

>Neuerdings und plötzlich fällt Regen. Erbarmungslos.
Steine fallen vom Himmel. Feuer bringt das Meer zum
Sprudeln...«

(CENTURIE II/18)

Andernorts dagegen herrscht die große Kälte:
>Die Rhône ist steifgefroren wie ein Kristall.
Schnee, gefärbtes Eis.
Tot. Tot. Sturm und Regen zerschlagen das Dach...«

(PRÉSAGE 14)

135

Oder die große Dürre:

>*Durch 40 Jahre hindurch sieht man keinen Regenbogen.*
Dann sieht man ihn 40 Jahre lang täglich.
Trockene Erde wird zur Wüste. Schließlich werden
große Fluten wahrgenommen...«

<small>(CENTURIE I/70)</small>

WELTWEIT HUNGER – UND DAS GROSSE ERDBEBEN IM MAI 1988

Die Beispiele könnten endlos fortgesetzt werden. Es ist eine einzige Steigerung der Schrecken. Zu den Wetterkatastrophen kommen Erdbeben, Vulkanausbrüche – und als Folge von all dem schließlich dann der weltweite Hunger:

>*Der große Hunger, den ich heraufkommen sehe,*
wird bald da, bald dort auftauchen.
Doch dann ist er universell.
So groß und so lange wird er andauern, daß man
vom Holz die Wurzeln und von der Mutterbrust
das Kind reißen wird.«

<small>(CENTURIE I/67)</small>

Folgt man Michel Nostradamus, dann kündigt sich im Mai 1988 mit einem schweren Erdbeben eine noch größere Katastrophe an:

>*Wenn die Sonne am 20. im Stier steht, wird die*
Erde mächtig zittern.
Das große gefüllte Theater wird zerstört.
Die Luft, Himmel und Erde verdunkeln sich
und geraten in Aufregung. Und dann wird sogar der
Ungläubige nach Gott und
den Heiligen rufen.«

<small>(CENTURIE IX/83)</small>

An einem 20. Mai nach dem alten Julianischen Kalender des Nostradamus, das heißt Ende Mai/Anfang Juni nach unserer Zeitrechnung, soll alles seinen Anfang nehmen. Ein Erdbeben läßt ein vollbesetztes Theater einstürzen – man darf hier wohl an eine Sportarena, ein Stadion denken. Das Beben hat zur Folge, daß sich »Luft, Himmel und Erde verdunkeln«: Es tritt eine große Dunkelheit ein, verursacht vermutlich durch aufsteigenden Rauch, durch hochgeschleuderte Staubmassen.

Daß dies im Jahre 1988 eintreffen könnte, geht aus folgendem Vers hervor, der sich wie ein direkter Anschluß an das eben Gesagte liest:

>*Das mächtige Zittern im Monat Mai ereignet sich,*
wenn Saturn im Steinbock, Jupiter und Merkur im
Stier sind.
Ebenso Venus, Krebs steht zu Mars im neunten Zeichen.
Es fällt Hagel, größer als Hühnereier.«
(CENTURIE X/67)

Diese astrologischen Angaben lassen folgende Berechnung zu: Der Planet Saturn ist ein sehr langsamer Stern, der sich monatelang im selben Sternzeichen aufhält. Er befindet sich 1982 im Zeichen Waage, pendelt dann zum Skorpion, zurück zur Waage und landet 1985 im Zeichen Schütze. In das Sternkreiszeichen Steinbock kommt er am 14. Februar 1988, um bis zum 10. Juni 1988 dort zu verharren.

Nur in dieser Zeit sind gleichzeitig Jupiter und Merkur im Zeichen Stier. Und zwar:

Jupiter vom 9. März bis zum 21. Juli,
Merkur vom 21. April bis zum 4. Mai.

Und Mars wandert am 23. Mai in das Zeichen Fische, das neunte Sternkreiszeichen vom Krebs aus gerechnet. Die Venus wird von Nostradamus fast beiläufig erwähnt, so, als gehöre sie zwar auch dazu, aber nicht mehr so ganz. Tatsächlich befand sich die Venus bis kurz vor

137

diesem Zeitpunkt, bis zum 3. April nämlich, im Zeichen Stier, ist dann aber ein Stückchen weitergewandert und hält sich nun, noch in der Nähe, im Sternkreiszeichen Zwillinge auf.

DIE SCHLIMMSTE SONNENFINSTERNIS ALLER ZEITEN

Ist diese Auslegung richtig, dann müßte sich das »große Erdbeben«, als Ankündigung der Finsternis, im Mai 1988 ereignen.

Die Finsternis selbst würde dem Erdbeben im Monat Oktober desselben Jahres folgen. Das kann man dem Vorwort des Sehers an König Heinrich II. entnehmen. Dort schildert Nostradamus das Auftauchen des Antichristen aus dem Osten, bricht dann aber plötzlich ab und kommt auf eine Naturkatastrophe zu sprechen, die zuvor noch stattfinden soll:

> *»Zuvor aber wird es eine Sonnenfinsternis geben.*
> *Es wird die dunkelste und finsterste sein seit der*
> *Erschaffung der Welt und bis zum Sterben und Leiden*
> *Jesu Christi und von da an bis zum heutigen Tag.*
> *Im Monat Oktober werden einige Verschiebungen eintreten,*
> *daß man glauben wird, die Schwerkraft der Erde*
> *hätte ihre natürliche Bewegung verloren*
> *und die Erde wäre hinausgeschleudert in die*
> *ewige Finsternis...«*

In der Regel wird diese Sonnenfinsternis als das Ereignis vom 11. August 1999 gedeutet, der Augenblick, der den großen Chiren, den Retter Europas, an die Macht bringen soll. Doch sie kann nicht gemeint sein. Denn jedesmal, wenn der Mond vor der Sonne vorbeizieht und sie für einen Augenblick verdeckt, fällt der Schatten des Mondes auf ein kleines Gebiet der Erde. Und alsbald wird es auch wieder hell. Das vollzieht sich jeweils nach derselben

Gesetzmäßigkeit, eine Sonnenfinsternis dieser Art kann also nicht dunkler sein als jede andere auch. Außerdem spricht Nostradamus hier vom Oktober und nicht vom August. Die Dunkelheit muß also durch eine andere Ursache zustande kommen.

Und sie war bereits angedeutet: Die Verdunkelung steht im Zusammenhang mit dem Erdbeben.

Im folgenden Vers erfahren wir ergänzend: Die Sonne selbst hat etwas damit zu tun:

>*Der Mond verdunkelt sich in tiefste Finsternis.*
Sein Bruder zieht vorbei in der Farbe von Eisen.
Der Große bleibt für lange Zeit in der Finsternis versteckt.
Er wird das Schwert in seiner blutigen Wunde tragen.«

(CENTURIE I/84)

Erinnern wir uns an einige merkwürdige Ankündigungen, die bisher so unverständlich waren: Die Soldaten verlassen ihre Panzer, weil sie »einen Adler um die Sonne herumtollen« sehen. Die hungernden Leute sehen am Himmel »etwas, von dem man sagt, es leuchte«. Es war die Rede davon, die Menschen hätten den Eindruck, »der Mond würde von seinem Engel geholt«. Und nun zwei neue Hinweise: Der Mond hat einen rostfarbenen »Bruder«, und die Sonne, »der Große«, wie sie hier genannt wird, bleibt »in der Finsternis« versteckt. Sie »trägt ein Schwert in ihrer blutigen Wunde«.

DIE »ZEICHEN« AN DEN STERNEN

Wir hören noch mehr darüber:

>*Wenn dann das Gebrechen der Sonne zu sehen sein wird, sieht man den ganzen Tag über das Monster:*
Ganz anders wird man es deuten. Der hohe Preis wird nicht beachtet. Nichts ist dagegen gefeit.«

(CENTURIE III/34)

Und schließlich:

> *Dann naht die Zeit der Mondgebrechen.*
> *Zwischen dem einen und dem anderen vergeht nicht*
> *viel Zeit.*
> *Kälte, Dürre, Gefahren zu den Grenzen hin.*
> *Selbst dort, wo das Orakel seinen Anfang nahm.«*
>
> (CENTURIE III/4)

Die »Gebrechen«, die so viel Angst auslösen, weil niemand so recht weiß, was wirklich dahintersteckt, das sind, daran kann es keinen Zweifel geben, die »Zeichen«, die schon in der Bibel erwähnt werden, als Jesus zuerst von der Zerstörung von Jerusalem und dann von den letzten Tagen spricht. Im Kapitel 21 bei Lukas heißt es: »An Sonne und Mond und Sternen werden Zeichen sein, auf Erden Angst und Bestürzung bei den Völkern ob des Tosens und Brausens der Meereswogen. Die Menschen werden vor Bangen vergehen in Erwartung dessen, was über den Erdkreis kommen soll. Die Kräfte des Himmels werden erschüttert werden...«

Und der Prophet des Alten Testamentes, Amos, hat dieselbe Szene ebenfalls mit ganz ähnlichen Worten geschildert: »Dann sende ich am Himmel und auf Erden Zeichen: Blut, Feuer, Rauch in hohen Säulen. Die Sonne wandelt sich in Finsternis, der Mond in Blut, bevor der Tag des Herrn erscheint, der große, fürchterliche...«

(Joel 3)

DIE SONNE WIRD ZUR »NOVA«

Die Situation wird immer deutlicher: Die Klimakatastrophen auf der Erde haben ihre Ursachen in kosmischen Veränderungen.

Die letzte noch fehlende Erklärung liefert wohl die Ankündigung von der »glühenden Sonne«:

»Der große Stern wird sieben Tage lang glühen.
Eine Wolke bewirkt, daß man zwei Sonnen sieht...«

<small>(CENTURIE II/41)</small>

Und noch ein Bild, das die Situation veranschaulicht:
»Mit einem mächtigen Mißton bringt die Posaune
zum Erzittern. Sobald der Schall verklungen ist, erscheint
die Prüfung am Himmel.
Ein blutiger Rachen wird im Blut schwimmen.
Das Gesicht der Sonne ist mit Milch und Honig
verschmiert.«

<small>(CENTURIE I/57)</small>

Der »mächtige Mißton«, das kann nur das Erdbeben im Monat Mai sein, das die Erde zum Erzittern bringt. Nach ihm, sobald er verklungen ist, erscheint der »blutige Rachen«. Die Sonne, das wird offenbar, scheint plötzlich nicht mehr so, wie das bisher der Fall war. Sie flackert, als wollte sie erlöschen, als hätte sie keine Kraft mehr. Ihr Gesicht ist mit »Milch und Honig« verschmiert.

Aber dann fängt sie mörderisch an zu glühen. Für schreckliche sieben Tage. Dabei wird sie offenbar immer größer. So groß, daß eine Wolke sie in zwei Teile teilen kann. Man wird glauben, es stünden zwei Sonnen am Himmel.

Die Schilderung klingt, als wollte der Seher eine sogenannte »Nova« beschreiben.

Solche Naturschauspiele beobachten die Wissenschaftler praktisch ständig am Sternenhimmel: Aus winzigen, bisher kaum wahrnehmbaren Fixsternen werden geradezu schlagartig Riesensonnen, die ihre Umgebung überstrahlen. Nach einer gewissen Zeit verblassen sie wieder, um so zu scheinen, wie das zuvor der Fall war. Die Experten schätzen, daß allein in der Milchstraße, also in der Galaxie, zu der unser Sonnensystem gehört, jährlich rund 50 »Sonnen« zur »Nova« werden. Und wahrscheinlich neigen bevorzugt jene dazu, die klein oder von mittlerer Größe sind – so wie unsere Sonne.

Würde unsere Sonne, möglicherweise durch die vorangegangene schwierige Planetenkonstellation, die sie in bedrängter Situation traf, zur Nova werden, dann hätten die Menschen auf der Erde den Eindruck, die Erde stürze auf die Sonne. Sie würde sehr rasch immer größer, glühender, gleißender und könnte schließlich ein Viertel oder gar die Hälfte des Himmels bedecken. Ein Riesenball, der die Meere zum Kochen bringt.

Mit der Angabe, die Sonne wird sieben Tage lang glühen, gibt Nostradamus eine gewisse Beruhigung: Die ganz große Katastrophe bleibt aus. Die Sonne wird nicht zur Super-Nova, in deren Glut die Erde verbrennen müßte. Nach einer Woche wird sich unser Zentralgestirn wieder normalisieren. Sie findet zurück zur normalen Größe und zur normalen Hitze.

DIE »GIFTIGE« SONNENWOLKE

Allerdings könnte sie, so muß man den prophetischen Schilderungen entnehmen, »Dampf abgelassen« haben: Die riesigen feurigen Gasausbrüche, die man immer wieder beobachten kann und die schon unter nomalen Bedingungen oft bis zu 100000 Kilometer weit in den Weltraum hinausschießen, könnten während der Nova so übermächtig werden, daß sich eine solche »Fackel« losreißt und nun als feurige Wolke um die Sonne kreist. Das wäre dann die »blutige Wunde«, in der ein Schwert steckt, der Adler, der um die Sonne herumtollt, dieses Etwas, das am Himmel leuchtet.

Wenn sich diese »Wolke« nun aber ganz von der Sonne losreißen würde, dann könnte sie zum »rostigen Bruder« des Mondes werden. Erde und Mond müßten schließlich diese Wolke passieren – und wir hätten die totale Finsternis, eine verpestete Luft, die möglicherweise sogar tödlich wäre.

Von der großen dreitägigen und giftigen Finsternis haben tatsächlich sehr viele Seher und Propheten gesprochen. Und sie alle haben sie für die Zeit um das Jahr 2000 angekündigt.

Nostradamus schildert die Situation nach dem Schrecken:

> *»Wenn Venus von der Sonne verdeckt sein wird,*
> *vollzieht sich hinter dem Lichtschein verborgen*
> *eine Formveränderung.*
> *Merkur wird sie im Feuer enthüllen.*
> *Im Kriegsgeschrei wird sie zur Beleidigung gemacht.«*
>
> (CENTURIE IV/28)

Das könnte man nun so verstehen: Wenn sich Nebel und Dunkelheit verzogen haben, werden die Menschen erkennen, daß auch Venus und Merkur in Mitleidenschaft gezogen wurden: Sie haben ihr Aussehen verändert. Bei Venus wird man den Augenblick der Veränderung nicht wahrnehmen können, weil sie sich gerade hinter der Sonne befindet, wenn die Katastrophe sich ereignet. Doch Merkur wird sich so im Sonnenlicht befinden, daß man alles genau beobachten kann. Nur: Diese Dinge werden nicht als Warnung verstanden. Unten auf der Erde tobt Krieg. Möglicherweise ist mittlerweile die Not so groß geworden, daß die Menschen ums nackte Überleben miteinander kämpfen.

Ein weiterer Vers stützt diese Annahme:

> *»Wenn dem Mond das Licht zurückgegeben wird,*
> *wo werden dann Geben und Nehmen auf der*
> *fremdartigen Erde geblieben sein?*
> *Um die unverdienten Früchte wird es einen großen*
> *Eklat geben.*
> *Große Empörung – und für einen hohes Lob.«*
>
> (CENTURIE IX/65)

Damit läßt der Seher keinen Zweifel daran aufkommen: Am Himmel oben wird alles wieder beim alten sein. Die Sonne und der Mond strahlen und leuchten wieder wie zuvor. Unten auf der Erde aber dürfte es trostlos aussehen. Es ist zunächst kein Handel mehr möglich. Was sollte man noch einander geben oder auch wegnehmen können? Die Menschheit ist um Jahrhunderte zurückgeworfen und muß so gut wie von vorne anfangen.

Die »unverdienten Früchte« sind die vermessene Einbildung der Überlebenden: »Wir müssen etwas Besonderes darstellen, weil wir überlebt haben.«

Der eine, der so hohes Lob erntet, ist sicherlich der Prophet Nostradamus selbst, der endlich uneingeschränkte Anerkennung findet: Er hatte alles präzise und weithin verstehbar vorausgesagt.

Doch die Katastrophenserie, so scheint es, ist damit noch nicht durchgestanden. Immer, wenn von der großen Dunkelheit, der größten Finsternis aller Zeiten, die Rede ist, wird auch zugleich darauf hingewiesen: Nachher wird die Erde irgendwie schief, gekippt durchs Weltall eilen.

»Der Himmel nähert sich Verschiebungen«,

so heißt es in der bereits zitierten Centurie I/56. Im Vorwort an Heinrich II. stehen die Sätze:

*»Im Monat Oktober treten einige große Verschiebungen
ein. Sie sind so gravierend, daß man glauben wird,
die Schwerkraft der Erde hätte ihre natürliche
Bewegung verloren und sie wäre hinausgeschleudert
in ewige Finsternis ...«*

Im Vorwort an Sohn Cäsar wird das Bild zu Ende gemalt:
*»Der Herr wird sich aufmachen, den Umsturz zu
vollenden.
Die himmlischen Bilder werden zu ihrer gewohnten*

Bewegung zurückkehren. Die übergeordnete Bewegung
wird die Erde wieder stabil und unerschütterlich machen:
Sie soll nicht auf ewig weggedreht werden...«

Das ist aber genau das, was manche Wissenschaftler heute befürchten und was auch andere Propheten angekündigt haben: die Erdachse wird kippen. »Der Erde Gründe sind erschüttert. Die Erde wankt und schwankt wie ein Betrunkener. Sie schwankt wie eine Hängematte«, kündigte der Prophet Isaias an. Und Jesus formulierte es so: »Die Sterne werden vom Himmel fallen« (Matthäus 24). In der Apokalypse schildert Johannes den Augenblick: »Der Himmel wich zurück wie eine Rolle, die sich zusammenrollt« (Apokalypse 5).

HÖHEPUNKT DER KOSMISCHEN KATASTROPHE: AUGUST 1998

Wenn die Erdachse kippt, und manche Forscher sind der Meinung, daß sie das in den Millionen Jahren ihrer Existenz schon einige Male getan hat und immer wieder, in gewissen Zeitabständen, tun wird, dann muß der Zuschauer auf ihr tatsächlich den Eindruck haben, wie er hier wiedergegeben wird: Die großen Sternbilder, bisher fast unverrückbar am Himmel »fixiert«, fallen hinter den Horizont, und an ihrer Stelle wird ein »neuer Himmel« sichtbar: Sternbilder, die man sonst von der südlichen Erdkugel aus sehen konnte. Der Himmel, so meint der Beobachter, weiche zurück wie eine Kulisse, die eingerollt wird. Möglicherweise wird vorübergehend in manchen Gegenden die Sonne nicht mehr untergehen, sondern am Horizont entlanggleiten.

Die Folge eines solchen Kippens müßte eine unvorstellbare Flut sein. Sie wäre so verheerend, daß die Landkarte, wie Nostradamus sagt, ein anderes Gesicht bekäme. Und natürlich würde sich auf der ganzen Erde das Klima verändern.

Für dieses Ereignis gibt Nostradamus wiederum ein Datum an: August 1998. Das liest sich so:

> *Das wird sich in Kürze ereignen, vor dem letzten*
> *Aufruhr, noch während der Planet Mars seinen Kurs*
> *vollendet, am Ende seiner letzten Periode,*
> *wenn er wieder von vorne beginnt, die anderen Planeten*
> *für mehrere Jahre im Wassermann und andere*
> *noch länger im Krebs versammelt sind...«*
>
> (VORWORT AN SOHN CÄSAR)

Der Hintergrund für diese Berechnung:

Der Planet Uranus wechselt am 13. Januar 1996 in das Zeichen Wassermann, um bis in das Jahr 2000 dort zu bleiben. Neptun folgt ihm am 29. Januar 1998 und pendelt dann ebenfalls, von kurzen Unterbrechungen abgesehen, für den Rest des Jahrtausends in diesem Zeichen hin und her. Mars befindet sich aber zwischen dem 7. Juli und dem 20. August und Venus zwischen dem 20. Juli und dem 14. August im Zeichen Krebs.

Im August 1998 also könnte sich endlich bemerkbar machen – und dann wird es keinen Zweifel mehr daran geben, die Erde dreht sich anders als bisher.

Was im Jahre 1982 mit der besonderen Planetenkonstellation begonnen hat, was im Oktober 1988 während der großen Sonnenfinsternis befürchtet wurde, das wird kurz vor der Jahrtausendwende bestätigt. Nostradamus läßt uns auch wissen, wie lange dieser Zustand des Torkelns und des »Schiefstehens« andauern soll: rund 1000 Jahre. Erst gegen das Jahr 3000, so verrät er im Vorwort an Sohn Cäsar, wird der Kurs der Erde wieder stabilisiert.

Gibt es überhaupt
eine Zukunft?

WAS NOSTRADAMUS ÜBER DIE ZEIT
NACH DEM JAHRE 2000 SAGT

Immer wieder wird dem Seher Michel Nostradamus vor-
geworfen, er hätte, genauso wie alle Propheten, immer
nur das Unheil verkündet und drohende Schreckensvisionen auf beinahe genüßliche Weise von sich gegeben. Man
erinnert an Kassandra, die unglückliche Königstochter
von Troja. Sie hat das böse Ende ihrer Stadt vorausgesehen, war aber – wiederum wie alle prophetischen
Unglücksboten – mit dem Fluch geschlagen, daß ihr
niemand Glauben schenkte. Eine Gestalt von tragischer
Größe, der niemand die Achtung versagen kann, die von
den meisten Menschen aber auch als überflüssig, vielleicht sogar als höchst gefährlich und schädlich empfun-
den wird: Wenn es jemand geben sollte, der tatsächlich
die Zukunft voraussehen kann, so sagt man, dann wäre es
besser, er würde von vornherein den Mund halten, weil
sonst jede Initiative und jede Eigenverantwortlichkeit
gelähmt würde. Die Menschen müßten sich sagen: Es ist
ja doch alles vorausbestimmt und bis ins Detail festgelegt.
Was sollen wir uns da noch anstrengen? Wenn aber die
Zukunft doch immer nur in der Katastrophe endet, die
nicht verhindert werden kann, wozu soll dann der Prophet überhaupt nütze sein? Ein Glück, daß dem Propheten keiner ernsthaft glaubt, sonst müßte die Welt nur in
tiefste Verzweiflung stürzen.

Michel Nostradamus hat dieses Bild vom finsteren Schwarzseher, vom Unheilsboten gründlich korrigiert. Er gibt speziell uns Menschen zur Jahrtausendwende zu verstehen, wie nötig Propheten sind – und wie hilfreich sie in Kürze sein werden.

In unseren Tagen können viele Menschen nicht mehr ruhig schlafen, weil sie eine unerklärliche, unheimliche Angst verspüren. Wir alle fühlen uns bedroht. Und die Furcht ist wohl nicht zuletzt deshalb so groß, so unfaßbar, weil wir nicht wissen und nicht klären können, was uns so stark beunruhigt.

Diese innere Unruhe, so glaubt Nostradamus zu wissen, ist die verkümmerte Gabe der Weissagung, die in jeder Seele schlummert. Wir haben sie unterdrückt, nicht ernstgenommen und verdrängt, so daß nicht mehr viel von ihr übrigblieb, als ein dumpfes, bohrendes Ahnen.

Doch dieses Ahnen macht uns tatsächlich mehr zu schaffen, als die völlige Unkenntnis bewirken könnte. Die nutzlos gewordene Begabung belastet uns stark. Wir ahnen die Katastrophe – und machen sie in unserer Vorstellung noch viel größer, als sie in Wirklichkeit werden wird. Wir kennen die Ursache unserer Angst nicht, deshalb können wir auch nicht gegen sie angehen. Und so befinden wir uns in einem bis zum Zerreißen angespannten Zwiespalt.

BESSER ALS FALSCHE HOFFNUNGEN

Nostradamus versucht nun angesichts dieser Situation zwei Dinge herauszuarbeiten:

Einmal will er uns ganz unmißverständlich klarmachen: Es ist richtig, es gibt gewichtige Gründe für die Angst. Ihr braucht euch aber dieser Angst wegen nicht zu schämen. Es wäre auch völlig falsch, so zu tun, als gäbe es sie überhaupt nicht. Noch solltet ihr den Eindruck gewinnen, ihr könntet seelisch verkorkst und angekränkelt sein. Nur wer sich mit der Angst herumgeschlagen hat, kann sie meistern und sein Leben positiv gestalten.

Genauso wie es unsinnig ist, sich vor dem Tod zu fürchten – oder gar zu hoffen, wie das den alten römischen Kaisern eigen war, man könnte selbst vielleicht verschont bleiben, genauso töricht wäre es, in Panik zu verfallen, weil eine Katastrophe oder ein Krieg droht.

Die Hoffnung aber, es gäbe keine Katastrophen und keine Kriege mehr, kann nur verhängnisvoll sein. Niemand darf sich in der Sicherheit wiegen, oder anderen vorzumachen versuchen, es gäbe keine Atom-Katastrophe. Sie ist geradezu unvermeidlich. Und wahrscheinlich muß sie sogar kommen, weil der Mensch sich sonst in Oberflächlichkeit und innerer Auflösung verlieren würde und letztlich zugrunde gehen müßte.

DIE WELT GEHT NICHT UNTER

Aber das ist das zweite: Es wird allen Militärs dieser Welt und allen noch so teuflischen Waffen, die die menschliche Perversion erfindet, nicht gelingen, das Leben auszulöschen oder die Erde in die Luft zu sprengen. Die Erde wird sich weiterdrehen. Und die Menschheit wird sich in heute noch unvorstellbare Dimensionen aufschwingen. Diese Botschaft, so meint der Prophet, werden die Menschen dann, wenn es soweit sein wird, als letzte Hoffnung dringend brauchen. Wo sonst wäre eine Zuversicht?

Wer heute den Weltuntergang prophezeit und sich dabei auf die Prophezeiungen des Nostradamus beruft, kann nur ein Dummkopf, ein Schwindler oder gar ein gewissenloser Geschäftemacher sein, der die Angst der Mitmenschen zu seinen Gunsten ausnutzt.

Die »Quelle« Nostradamus ist noch längst nicht ausgeschöpft. Auch dieses Buch kann nur Stückwerk anbieten.

Und gewiß ist es nicht frei von Fehlinterpretationen und Lücken. Es wird noch sehr viel Arbeit nötig sein, den wahren Nostradamus vollständig freizulegen, den Propheten der Hoffnung nämlich. Zuviel ist in den zurückliegenden Jahrhunderten an Falschem und Irrtümlichem auf ihn draufgeworfen worden.

DER ATOMTOD KOMMT

Gewiß, Michel Nostradamus beschönigt nichts, und er verschweigt auch nichts. Bei ihm finden sich Sätze über die Zukunft, die an Deutlichkeit nichts zu wünschen übriglassen. Man sollte sie kennen und unserer gegenwärtigen Welt vor Augen halten:

> *»Inzwischen entsteht eine so große Seuche,*
> *daß von drei Teilen der Welt mehr als zwei dahinsiechen.*
> *Das wird so schlimm, daß man nicht mehr*
> *erkennen kann, was zu den Feldern und was*
> *zu Häusern gehört.*
> *In den Städten wächst das Gras mehr als kniehoch...*
> *Über das Reich kommt eine riesige Verwüstung.*
> *Die großen Städte sind entvölkert.*
> *Wer versucht, sie zu betreten, wird von Gottes*
> *Zorn gepackt...«*
>
> (VORREDE AN KÖNIG HEINRICH II.)

Die Seuche ist die Verseuchung der Welt mit atomarer Strahlung. Daran wird wohl keiner zweifeln, der diese Sätze liest. Zwei Drittel der Menschheit werden dem Strahlentod zum Opfer fallen. Auch das steht hier ausdrücklich. Niemand vermag mehr in der Stadt zu leben, weil die Mauern strahlen. Wer trotzdem den Versuch macht, »wird vom Zorn Gottes gepackt«, das heißt: er wird umgehend krank und stirbt. Noch unmißverständlicher kann man es wohl kaum ausdrücken. Ein Zeitgenosse könnte die Situation kaum treffender schildern, als es der Prophet vor 400 Jahren getan hat.

Hierzu gehören zwei weitere Prophezeiungen, die das Bild abrunden und keinen Zweifel daran lassen: So und nicht anders ist es gemeint:

> *Die bevölkerten Orte werden unbewohnbar sein.*
> *Wegen der Felder kommt es zum großen Zerwürfnis.*
> *Die Regierungen werden Wichtigtuern überlassen.*
> *Zwischen den Brüdern gibt es Mord und Streit.«*
>
> (CENTURIE II/95)

Man kann sich das leicht vorstellen: Die Städte sind nicht nur zerstört, sondern auch die Ruinen sind der Radioaktivität wegen unbewohnbar. Wer überleben will, der muß fliehen, wegziehen in eine Region, die verschont geblieben ist. Aber dort drängen sich die Menschen, streiten um ein Fleckchen Erde. Selbst Geschwister geraten einander in die Haare und schlagen einander tot. Die Regierungsgewalt wird den »prudens incapables«, den unfähigen Klugen, überlassen. Vielleicht sind es gelehrte Männer, die von Politik keine Ahnung haben, oder aber der Prophet meint Wichtigtuer, die sich selbst für klug halten, in Wirklichkeit aber völlig unfähig sind.

Und der nächste Schritt:

> *»Sie sind wiedergekommen. Die befestigten Orte*
> *werden von niemandem verteidigt.*
> *Sie besitzen den Ort, der bis dahin unbewohnbar war.*
> *Wiesen, Häuser, Felder und die Stadt nehmen sie sich*
> *nach Gutdünken.*
> *Hunger, Pest, Krieg, mühevolles Darben.«*
>
> (CENTURIE II/19)

Das ist die Schilderung der Rückkehr der Vertriebenen in die von Atombomben zerstörten Gebiete: Die Häuser stehen leer. Jeder kann einziehen, wo es ihm gerade gefällt. Er kann sich ein Stück Land aussuchen, das er bearbeiten will. Es ist genug da für jeden. Allerdings, so scheint es, die ersten Ungeduldigen sind zu früh heimgekehrt. Noch ist die Radioaktivität nicht völlig abgeklungen. Noch werden die Menschen krank. Außerdem befinden sie sich in der Situation von Pionieren: Sie müssen ganz von vorne anfangen, unsägliche Entbehrung auf sich nehmen, ehe es ihnen wieder einigermaßen gutgeht.

Und dann gibt es auch schon wieder Krieg, Kampf, Streit. Es ist immer wieder dasselbe. Alle Erfahrungen, alle Schrecken werden die Menschen letztlich nicht davon abhalten, sich gegenseitig umzubringen.

DIE GESCHICHTE DES 21. JAHRHUNDERTS

Versucht man, aus den Prophezeiungen des Nostradamus so etwas wie einen »Fahrplan« der Menschheit in die Zukunft, über das Jahr 2000 hinaus zu erstellen, dann müßte er etwa so aussehen:

Am Anfang des neuen Jahrtausends steht der Krieg, den der »Chiren«, im Sommer 1999 zur Macht gekommen, gegen die eingedrungenen Araber und gegen den italienischen Diktator »Krausbart« führen muß:

> *Wie ein Geier kommt der Herrscher von Europa,*
> *begleitet von den Adlerländern.*
> *Er führt die Truppen der ›Roten‹ und der ›Weißen‹.*
> *Sie marschieren gegen den König von Babylon.«*
> (CENTURIE X/86)

Das ist ein sehr interessanter und aufschlußreicher Hinweis: Der Herrscher Europas kann nur Chiren sein. Er kämpft gegen Babylon – gegen die Araber. Er wird unterstützt von den Adlerländern. Damit will Nostradamus in diesem Fall sicher nicht nur die Deutschen, die Österreicher und die Polen bezeichnen – alles Länder mit einem Adler im Wappen –, sondern auch Rußland. Der Prophet deutet an, daß sich die Fronten verändert haben. Rußland hat sich, im Vorwort an König Heinrich II. angedeutet, vom Kommunismus losgesagt. Die Sowjetunion ist in mehrere Staaten zerbrochen, Rußland, wie in früheren Zeiten, »europäisch« geworden. Es kämpft an der Seite der Franzosen gegen den Orient.

Die Auslegung bestätigt die Formulierung: »Er führt die Truppen der ›Roten‹ und der ›Weißen‹.«

Im Vorwort an Heinrich II. steht außerdem der unmißverständliche Satz:

> »Die internationale, barbarische Partei wird hart bedrängt und davongejagt.«

Ein Satz, der gewiß auch auf die Sozialisten gedeutet werden könnte, denn sie singen ebenfalls die »Internationale« und versuchen, über die Staatsgrenzen hinweg Zusammenhalt und gegenseitige Stütze zu finden. Doch der Zusatz »barbarisch« weist in die Richtung Kommunismus. Nostradamus hat die Franzosen selbst niemals als Barbaren bezeichnet. Ähnlich den Römern meint er damit die Deutschen, die Russen.

PARIS WIRD ZERSTÖRT

Im nächsten Vers erfahren wir, daß Paris »verödet« ist, die Regierung deshalb in Avignon residiert:

> »Der Chef des Reiches läßt sich in Avignon nieder, nachdem Paris verödet ist ...«
>
> (CENTURIE III/93)

57 JAHRE FRIEDEN

Nach dem Krieg, der wohl im ersten, spätestens im zweiten Jahrzehnt des 21. Jahrhunderts beendet sein dürfte, wird Europa zügig wiederaufgebaut:

> *»Aus Marmorziegeln werden die Mauern wieder*
> *aufgebaut – in 57 friedlichen Jahren.*
> *Freude für die Menschen. Der Aquädukt wird erneuert.*
> *Gesundheit, große Früchte, Freude und honigsüße*
> *Zeiten.«*
>
> (CENTURIE X/89)

In knappen Sätzen steckt wiederum eine Fülle von Einzelheiten. Marmorziegel: ein neuer, aufwendiger Wohlstand lebt auf. Man verwendet als Baumaterial nur das Beste und Teuerste. Der Friede nach dem Dritten Weltkrieg, der möglicherweise 1987 ausbricht und offensichtlich bis in das 21. Jahrhundert hinein andauert, wird 57 Jahre lang bestehen bleiben. Man wird in diesen glücklichen Zeiten auch Zeit finden, sich um alte Werte, um Kultur zu kümmern. Die Menschen werden verstärkt auf eine gesundheitsbewußte Lebensweise achten, vielleicht auch wesentlich gesünder sein als in früheren Jahrhunderten.

Die »großen Früchte« sind möglicherweise noch ein Fingerzeig auf die vorangegangenen Atomkatastrophen: In ehemals verseuchten Gebieten, so wurde etwa auf dem Bikini-Atoll, ist der Pflanzenwuchs besonders üppig.

DIE WIEDERVEREINIGUNG IM JAHRE 2050

In dieser Zeit wird es auch zur Wiedervereinigung der beiden deutschen Staaten kommen, verspricht Nostradamus. Er sagt:

> *»Das Reich des Tollwütigen, der den Weisen*
> *spielte, wird geeinigt...«*
>
> (VORWORT AN KÖNIG HEINRICH II.)

Es ist schon darauf hingewiesen worden: Der »Tollwütige«, das ist bei Nostradamus immer Adolf Hitler. Wenn er, die eigentliche Ursache der deutschen Spaltung, hier genannt wird, dann kann nur ein Volk gemeint sein: Deutschland.

Der Zeitpunkt für die Wiedervereinigung: etwa das Jahr 2050. Dann nämlich, wenn die 73 Jahre und sieben Monate der arabischen Weltbeherrschung zu Ende gegangen sind und der Friede die Grenzen zwischen den Völkern einreißt, wie Nostradamus es formuliert. Geht man, in der Denkart des Nostradamus, davon aus, daß der Sturz des Schahs von Persien der Anfang der arabischen Herrschaft bedeutet, dann dürfte diese Periode etwa um 2050 zu Ende gehen.

Nach den 57 Jahren Friede allerdings, Nostradamus sagt es ganz deutlich, bricht erneut ein Krieg aus. Er wird 25 Jahre dauern und muß, seinen Andeutungen zufolge, fürchterlich sein. Schon im Vorwort an König Heinrich II. ist dieser Krieg erwähnt:

> »Eine neue Wende bringt der Sancta sanctorum die Zerstörung durch das Heidentum. Das Alte und das Neue Testament werden beseitigt und verbrannt. Daraufhin wird der höllische Fürst selbst zum Antichristen. Noch einmal, zum letztenmal, zittern alle christlichen Reiche und mit ihnen die Ungläubigen 25 Jahre lang. Die Kriege und Schlachten sind noch gefährlicher. Dörfer, Städte, Schlösser und alle anderen Gebäude gehen in Flammen auf. Veröden. Werden mit fürchterlicher Gewalt zerstört... Es wird so viel Unheil angerichtet, daß beinahe die ganze Welt vernichtet und verödet ist...«

(VORWORT AN HEINRICH II.)

DER VIERTE WELTKRIEG IM JAHRE 2106

Der Vierte Weltkrieg, der zugleich der letzte Krieg sein soll, hat nicht mehr die Stoßrichtung Ost gegen West oder umgekehrt, sondern diesmal heißt die Front: Süden gegen Norden.

> »Aus Fez wird der König zu denen von Europa kommen,
> um ihre Städte zu verbrennen und ihre Seelen zu zerfetzen.
> Der Große von Asien wird mit riesigen Truppen
> über Land und Wasser
> die Blauen, Väter und Kreuz in den Tod jagen.«
> (CENTURIE VI/80)

Das hört sich an, als hätten sich afrikanische Völker mit ostasiatischen zusammengetan, um gemeinsam über das alte Europa herzufallen. Nostradamus spricht an anderer Stelle von »Hannibal«, und erinnert damit an den Feldherrn, der rund 200 Jahre vor Christus das Abendland in Schrecken versetzte, als er mit seinen Elefanten über Spanien nach Rom zog. Und er sagt: »Die ehemaligen Sklaven werden ihre einstigen Herren unterjochen.« Mit anderen Worten: jene Länder, die einst Kolonien waren, werden den großen Vierten Weltkrieg auslösen, der die Erde nahezu vernichtet.

Einmal mehr, so scheint es, retten die Amerikaner das schon nahezu verlorene Europa:

> »Aus der Tiefe des Meeres macht der große Neptun
> die Inseln jener Leute blutig, deren Blut aus
> Puniern und Galliern gemischt ist,
> um reichlich spät dorthin zu rudern.
> Er wird ihnen mehr Schaden zufügen,
> als die verborgenen Übel des Himmels.«
> (CENTURIE II/78)

Der »große Neptun«, also Amerika, feuert aus der Tiefe des Meeres Atomraketen auf Marokko und Tunesien. Dabei wird das Land schlimmer verwüstet als bei den vorangegangenen Naturkatastrophen. Dann tauchen die Amerikaner selbst auf – wie gewöhnlich reichlich spät.

Der Krieg wird aber nicht nur von Atom-Unterseebooten und auf dem Land geführt – sondern auch am Himmel:

»Nachts glauben sie, die Sonne gesehen zu haben,
wenn das Schwein, halb Mensch gesehen wird.
Lärm erschallt. Eine Schlacht, am Himmel geschlagen,
kann man beobachten.
Und brutale Bestien hört man miteinander sprechen.«
(CENTURIE I/64)

Der Prophet schildert eine Luftschlacht, vielleicht sogar eine Schlacht im Weltraum. Die Explosionen sind so hell, daß man glaubt, mitten in der Nacht wäre die Sonne aufgegangen. Das könnte auf eine Atomexplosion in großer Höhe hindeuten. Der »Pilz« am nächtlichen Himmel wird aussehen wie ein Gebilde halb Mensch, halb Schwein. Es ist längst kein Geheimnis mehr, daß Satelliten mit Atombomben am Himmel ihre Kreise ziehen. Sogenannte »Killer-Satelliten« sind eigens dazu konstruiert, solche »Zeitbomben«, die jederzeit auf die Erde herabstürzen können, zu zerstören. Die »brutalen Bestien«, die man miteinander sprechen hört, das dürften Roboter sein. Nostradamus verwendet das Wort brut, brute, das heute zur Bezeichnung anorganischer Stoffe verwendet wird.

Wann wird dieser Krieg losbrechen? Den Angaben des Nostradamus nach um das Jahr 2076, 57 Jahre nach dem Ende des Dritten Weltkrieges. Zu Ende wäre er dann kurz nach dem Jahre 2100, denn Nostradamus sagt, er dauere 25 Jahre und wäre zu Ende, »wenn Saturn eine andere Regentschaft fast erneuert hat«. Alle sieben Jahre regiert Saturn. Nach 1986 wieder 1993, 2000, 2007...

Doch es gibt noch einen großen Saturn-Rhythmus. Es dauert 30 Jahre, bis Saturn einmal durch alle Zeichen gewandert und zum Ausgangspunkt zurückgekehrt ist. Diesem Rhythmus nach wären die gemeinten Augenblicke: 2076, 2106.

Nach dem Vierten Weltkrieg kommt, so sagt Nostradamus übereinstimmend mit dem Apostel Johannes, das große Friedensreich, das rund 1000 Jahre andauern soll.

Jetzt endlich darf sich der Prophet von angenehmer Seite zeigen und auch einmal in Bildern schwelgen, die Erfreuliches verkünden. Und das sind wohl seine schönsten Verse überhaupt:

> *Der Körper ohne Seele wird nicht mehr geopfert.*
> *Der Tag des Todes gestaltet sich zur neuen Geburt.*
> *Göttlicher Geist macht die Seele glücklich,*
> *wenn man das Wort in seiner Ewigkeit sieht.«*
>
> (CENTURIE II/13)

Wo wäre jemals Gewaltigeres versprochen worden? Die toten Körper müssen nicht mehr verwesen, werden weder verbrannt noch beerdigt. Der Tag des Todes ist der große neue Anfang, die neue Geburt. Die Seelen der Menschen sind erfüllt vom Geist Gottes, der sich nun unverhüllt offenbart. Die Menschen dürfen endlich das, was ihnen schon so lange versprochen war: sie dürfen Gott schauen.

Oder ein Vers, der ganz Ähnliches ausdrückt:

> *»Das göttliche Wort wird dem Stofflichen gegeben.*
> *Dann werden Himmel und Erde, auch okkultes*
> *und mystisches Geschehen verstanden.*
> *Leib, Seele und Geist verfügen über alle Fähigkeiten.*
> *Der Mensch hat so viel unter seinen Füßen, als wäre*
> *er im Himmel.«*
>
> (CENTURIE III/2)

Damit wird uns ein ganz »neuer« Mensch versprochen. Einer, der weit über unseren momentanen Entwicklungsstand hinausgereift ist. Nicht mehr der Verstand, die Vernunft ist alles. Es wird gelungen sein, »seelische

Kräfte« zu entwickeln, die wir heute nur erahnen. Dem »Stofflichen« wird sich das göttliche Wort mitteilen, das heißt dem, was mit Fleisch und Blut lebt, aber den Funken der göttlichen Vernunft besitzt, also dem Menschen. Nur beim Menschen ist nach Meinung des Propheten der Geist mit Materie verbunden – im Gegensatz zum göttlichen Geist und zum Geist der Engel und Teufel.

Die Bindung an das »Fleisch«, das wußte schon der griechische Philosoph Platon, beengt den Geist. Dieser fühlt sich eingesperrt, als befände er sich in einem Kerker. Nur ganz selten gelingt es einem begnadeten Menschen, diesen Kerkermauern gelegentlich zu entfliehen.

Nach der großen Wende in das 1000jährige Reich soll das anders sein. Das »göttliche Wort« wird den Menschen gegeben. Dann begreifen sie nicht nur die ganze Schöpfung, Himmel und Erde, sondern sie bekommen auch Einsicht in jene Welten, die bisher als okkult und mystisch galten.

Spinnt man diese Gedanken weiter, so heißt das letztlich: alle Menschen werden zu Hellsehern, werden lernen, Zeit und Raum auszuschalten, also Dinge zu sehen, die an weit entfernten Orten oder erst in der Zukunft sich ereignen. Ihre Seelen werden sich von Zeit zu Zeit vom Körper lösen können, wie das vereinzelt bei Mystikern der Fall war, so daß sie an zwei Orten gleichzeitig sein konnten.

Das alles mag heute noch phantastisch klingen. Aber vielleicht sollten wir einmal die ausgetretenen Denkpfade verlassen und uns Neuem aufschließen.

Dieses Neue ist uralt. Vielfach angekündigt und prophezeit. Und es heißt: es gibt keinen Weltuntergang.

Soviel ist ganz sicher: Weder bei Michel Nostradamus noch bei irgendeinem anderen Propheten ist vom Weltuntergang die Rede. Zumindest kommt vorher, und zwar hier auf unserer Erde, das 1000jährige Reich des Friedens, das »Goldene Zeitalter«.

In diesem Punkt stimmt Nostradamus mit Johannes völlig überein. Johannes schreibt in der Apokalypse zu diesem Punkt: »Die für Jesus Zeugnis abgelegt hatten, wurden lebendig und herrschten mit Jesus 1000 Jahre lang. Die anderen Toten wurden aber nicht lebendig, bevor die 1000 Jahre vorüber waren. Das ist die erste Auferstehung. Selig und heilig, wer an der ersten Auferstehung teilhat. Der zweite Tod kann keine Gewalt mehr über sie haben.« (Apokalypse 20.)

Das ist genau wie bei Nostradamus: das Friedensreich ist nicht irgendwo im Himmel, sondern auf der Erde errichtet. Es gibt eine erste Auferstehung, nur für Erwählte, die 1000 Jahre lang zusammen mit Christus leben und regieren dürfen. Und dann erst kommt der Jüngste Tag mit dem Endgericht. Es kann aber denen, die die 1000 Jahre erlebt haben, nichts mehr anhaben.

Erst jetzt tritt jene Szene ein, die der Apostel Petrus als Untergang der Welt prophezeit hat: »Die Elemente werden sich in Gluthitze auflösen, die Erde aber, und was sich auf ihr befindet, wird verbrennen...« Das ist die Schilderung, in der wir unschwer das Ende unseres Sonnensystems in einigen Jahrmillionen oder gar Jahrmilliarden erkennen können: die Sonne wird zur Supernova, ehe sie endgültig erlischt. Dabei verbrennt sie die Erde und die anderen Planeten. Vor dieser Endkatastrophe braucht sich keiner mehr zu fürchten.

Mit anderen Worten – und das ist das eigentliche Anliegen des Nostradamus: Die Angst vor dem Weltuntergang ist völlig unbegründet. Wer aus irgendwelchen Zahlen in der Bibel oder bei Propheten das Ende der Welt, die fürchterliche Endkatastrophe errechnen will, wird stets in die Irre gehen. Weil es diese totale Vernichtung nicht gibt. Nicht heute, nicht um das Jahr 2000 und nicht in tausend Jahren.

Die Zahl 3797, die Nostradamus als Zeitpunkt des Jüngsten Tages angibt, ist astrologisch berechnet. Zu diesem Zeitpunkt wäre nämlich, nach der Rechnungsweise des Propheten, das vierte große Zeit- und Entwicklungsalter der Menschheit zu Ende und damit die Uhr endgültig abgelaufen.

Folgende Rechnung lag dieser Vorstellung zugrunde: Am Anfang der Menschheit stand das Zeitalter des Löwen. Der Mensch hatte um die nackte Existenz, ums Überleben in einer feindlichen Umwelt zu kämpfen. Seine geistigen und seelischen Kräfte lagen noch völlig darnieder.

Mit Abraham – nach Nostradamus etwa 2000 Jahre später – kam das Widder-Zeitalter. Der Mensch erkannte seinen Schöpfer und begann, ihm Opfer darzubringen und Recht und Gesetz zu achten.

Mit Christus trat die Menschheit ins Zeitalter der Fische, in der Reihe der vier großen Wesen als Mensch dargestellt. Das harte Gesetz wurde abgelöst vom Gebot der Nächstenliebe. Der »Menschensohn« predigte die Vergebung an Stelle der Rache.

Heute befänden wir uns, dieser Rechnung nach, am Beginn des Wassermannzeitalters, dargestellt als Adler. Der Mensch wird eine neue Entwicklungsstufe erklimmen, sich erheben, die Schwerfälligkeit abstreifen, die körperliche Beengung loswerden.

Den Zugang zu dieser neuen Welt eröffnen die bevorstehenden Naturkatastrophen um die Jahrtausendwende. Sie schaffen die Voraussetzungen dafür, daß der Mensch sich weit über seine bisherigen Fähigkeiten hinaus entwickeln kann.

Am Ende aber wird nicht der Mensch vernichtet und die Welt im unvorstellbaren Chaos untergehen – sondern der Tod wird sterben. Das Ende ist die Ewigkeit.

Neben dieser einzigartigen Hoffnung gibt uns Michel Nostradamus noch ein paar frohstimmende Zusicherungen, gewissermaßen am Rande, auf drängende Fragen. Krankheiten und Seuchen, so muß er eingestehen, wird es zumindest vorerst nach wie vor geben. Und wenn eine Krankheit besiegt ist, findet sich eine neue, die nicht weniger Sorgen bereitet.

Nicht zuletzt die Radioaktivität wird viele Opfer finden. Immer wieder sucht der Prophet nach neuen Ausdrücken für diese schlimme Heimsuchung. Er nennt sie »Pest« oder »weltweite Seuche«, spricht von »dem, was die Haut zerfrißt«. Aber dann hat er doch auch wieder einen Trost:

>*Das, was Leben wird und doch keinerlei Seele besitzt,*
wird den Tod bringen, bis man es im Griff hat ...«
(CENTURIE I/22)

Das ist nichts anderes als das Versprechen: eines Tages wird es auch ein Mittel gegen die bislang tödliche radioaktive Strahlung geben. Man wird sie »in den Griff bekommen«.

Nach des Sehers Vorstellung muß alles, was lebt, auch beseelt sein. Das gilt für Tiere ebenso wie für Pflanzen, die sich nach einem bestimmten »Bauplan« entfalten und auf ihre Umgebung, auf Licht, Wärme, Kälte, Feuchtigkeit reagieren können.

Wenn sich etwas von sich aus bewegt, ohne angestoßen zu sein und ohne zu leben, dann kann damit nur das Leben in der Materie, das atomare Geschehen, gemeint sein.

WARNUNG VOR DER SONNENENERGIE

Eine letzte Bemerkung des Propheten, die zeigt, wie weit er mit unseren Problemen vertraut war: Er warnt vor der unkontrollierten Ausnützung der Sonnenenergie. Das hört sich so an:

>*Das Auge wird durch ein Objekt dermaßen verstärkt, so mächtig und so glühend, daß Schnee fallen wird.*
Die bewässerten Felder werden immer weniger, so daß die Bewirtschaftung der Regelung unterworfen werden muß.«

(CENTURIE X/70)

Das klingt absurd – und ist doch vorstellbar: Das glühende »Auge« ist die Sonne. Nostradamus nennt sie an mehreren Stellen das »Auge des Himmels«. Am Tag ist es geöffnet, nachts geschlossen.

Mit einem »Objekt«, einer Einrichtung, einem Gerät, so prophezeit Nostradamus, wird man versuchen, die Hitze zu bündeln. An ähnlichen Projekten arbeiten die Wissenschaftler ja gegenwärtig mit Hochdruck.

Nun behauptet Nostradamus: Dadurch, daß die ganze Sonnenwärme von uns »geschluckt«, in Energie umgewandelt wird, fehlt in der Nacht die Abstrahlung der Erdoberfläche. Es wird genau das passieren, was man in der Wüste beobachten kann: die Nächte werden fürchterlich kalt. So kalt, daß im Sommer Schnee fällt. Damit aber, so werden wir gewarnt, verändern wir das Klima auf der Erde. Das fruchtbare Land wird mehr und mehr schrumpfen, so daß jeder Meter, auf dem noch etwas wachsen kann, strenger Verwaltung unterstellt werden muß.

Vielleicht denken Wissenschaftler auch einmal über solche Verse nach und überprüfen, ob an solchen Prophezeiungen wirklich etwas dran sein könnte.

Es steckt noch viel, unendlich viel in den Schriften des Michel Nostradamus. Schätze, die darauf warten, ans Tageslicht gebracht zu werden.

Nostradamus hat es vorausgesehen – und es ist eingetroffen

(Eine Auswahl seiner Prophezeiung)

1. Juli 1559
Der französische König Heinrich II. wird im Turnier schwer verletzt und stirbt zehn Tage später.

30. Januar 1649
Der englische König Karl I. wird enthauptet.

Sommer 1666
Der Brand von London.

Ludwig XIV.
Nostradamus nennt ihn Aemathion, der die Sonnentore öffnet.

1791
Die Anführer der Französischen Revolution wollen eine neue Zeitrechnung einführen und wieder mit dem Jahr 1 beginnen.

16. Oktober 1793
Marie Antoinette wird hingerichtet.

1804
Napoleon »der Verderber« will die Tochter des österreichischen Kaisers heiraten.

August 1846
Der Planet Neptun wird entdeckt.

20. April 1889
Adolf Hitler wird in Braunau am Inn geboren.

1936
Franco spaltet das spanische Volk.

1938
Hitler marschiert in Österreich ein.

1939
Der Zweite Weltkrieg beginnt – 290 Jahre nach der Enthauptung von Karl I.

1941
Die Krematorien in den KZ werden gebaut.

1945
Hitlers Tod nach der Hochzeit.

1948
Gründung des Staates Israel.

1954
United Arabian Republik (UAR).

1956
Ende der britischen Weltherrschaft.

1979
Sieg Khomeinis über den Schah von Persien.

1998:

Die »kosmische Revolution« ist auf ihrem Höhepunkt. Die Erde beginnt zu torkeln und steht schließlich schief. Die Erdachse ist gekippt, die Pole haben sich verlagert. Ein »neuer Himmel« bietet sich den Blicken der Erdbewohner.

1999:

Am 11. August herrscht eine Sonnenfinsternis. Sie ist das Zeichen dafür, daß der Retter des Abendlandes 18jährig an die Macht gelangt.

SO SIEHT DAS NÄCHSTE JAHRTAUSEND AUS – WENN NOSTRADAMUS RECHT BEHÄLT

Um 2000:
Krieg zwischen Europa und Italien, »Chiren« führt die Truppen an. Nach anfänglichen Niederlagen gewinnt die europäische Armee.

2020:
Um diese Zeit könnte Rom durch einen Atomangriff völlig zerstört werden. Es würde »kein Stein auf dem anderen bleiben«.

2050:
Deutschland wird wiedervereinigt. Überall auf der Erde herrscht Friede, der 57 Jahre lang andauert. Nostradamus wird allgemein als großer Prophet anerkannt.

2076:
Möglicherweise Beginn des Vierten Weltkrieges zwischen Europa auf der einen Seite und Afrika/Ostasien auf der anderen. Der Krieg wird 25 Jahre dauern und eine fast völlig verwüstete Erde zurücklassen.

2106:
Ende des Vierten Weltkrieges, Beginn eines tausendjährigen Friedensreiches. Große Erfindungen, Entwicklungen, die heute noch undenkbar erscheinen. Sehr hoher Lebensstandard.

3750:
Neuer Krieg, nie dagewesene Schrecken.

3797:
Der Jüngste Tag ist angebrochen. Himmel und Erde werden »neu«. Der Mensch erlangt Unsterblichkeit. Das Böse und Gemeine in ihm ist endgültig besiegt. Der Tod selbst wird sterben.

Bibliographie

Allgeier, Kurt: *Morgen soll es Wahrheit werden*, Prophezeiungen über unser Schicksal in den 8oer Jahren, München

Bellecour, Elisabeth: *Nostradamus trahi*, Paris

Centurio, Dr. N. Alexander: *Nostradamus, prophetische Weltgeschichte*, Bietigheim

Cheetham, Erika: *The prophecies of Nostradamus*, London

de Fontbrune, Jean Charles: *Nostradamus, Historien et prophete*, Monaco

Kahir M.: *Nahe an 2000 Jahre, Gegenwart und Zukunft in prophetischer Schau*, Bietigheim

Leduc, Jean-Marie: *Années d'Apocalypse*, Paris

Loog, C.: *Die Weissagungen des Nostradamus*, Berlin

Maby, Pascale: *Le dosier des prophètes, voyants et astrologues*, Paris

Nostradamus, Michel: *Les vrayes centuries et propheties de maistre*, Faksimiledruck der Ausgabe 1668, Berlin

Putzien, Rudolf: *Nostradamus, Weissagungen über den Atomkrieg*, München und Engelberg

Swoboda, Helmut: *Propheten und Prognosen, Hellseher und Schwarzseher*, München/Zürich

Voldben, A.: *Die großen Weissagungen über die Zukunft der Menschheit*, München

Stichwortverzeichnis

Kursive Stichwörter verweisen auf Buchtitel
und Prophezeiungen des Nostradamus

171

175